U0336916

增长不难

企业逆势增长的四条路径

正和岛 ◎ 编著

机械工业出版社

CHINA MACHINE PRESS

图书在版编目（CIP）数据

增长不难：企业逆势增长的四条路径 / 正和岛编著 . —北京：机械工业
出版社，2024.6

ISBN 978-7-111-75636-1

Ⅰ. ①增… Ⅱ. ①正… Ⅲ. ①企业管理 Ⅳ. ① F272

中国国家版本馆 CIP 数据核字（2024）第 077660 号

机械工业出版社（北京市百万庄大街 22 号 邮政编码 100037）
策划编辑：刘 静 责任编辑：刘 静
责任校对：郑 雪 薄萌钰 韩雪清 责任印制：任维东
北京瑞禾彩色印刷有限公司印刷
2024 年 6 月第 1 版第 1 次印刷
170mm×230mm·17.25 印张·1 插页·164 千字
标准书号：ISBN 978-7-111-75636-1
定价：99.00 元

电话服务 网络服务
客服电话：010-88361066 机 工 官 网：www.cmpbook.com
010-88379833 机 工 官 博：weibo.com/cmp1952
010-68326294 金 书 网：www.golden-book.com
封底无防伪标均为盗版 机工教育服务网：www.cmpedu.com

本书编委会

主　　任　刘东华

副 主 任　陈　为　林定忠

执行主编　曹雨欣

委　　员　王夏苇　白志敏　夏　昆

这本书是讲企业如何成长的，用 16 个案例从四个维度，即向上、向下、向新、向外的不同增长模式，既讲述了这些企业逆势增长的故事，也揭示了这些企业成长的动因。案例中的波司登、京东方、豪迈、洲明科技等企业，我或参观调研过，或与其董事长深聊过，因而读起来特别亲切。每个案例后都列举了企业经营的金句，这些金句都是案例故事中提纲挈领、点题点睛的妙笔。无论从内容还是观点来看，这本书都值得做企业的同行们一读。

企业的逻辑是成长的逻辑，企业不成长就可能会消亡，但企业的成长又面临太多的不确定性。企业的成长要解决两件事：一是必须确立自己的成长方式，二是必须确立自己的核心优势。书中列举的案例，既有走高举高打、高质高价向上的路线，也有走大众消费、靠成本领先的路线；既有依靠创新从红海走向蓝海的差异化路线，也有"走出去"，摆脱国内市场内卷，开拓全球市场的路线。在打造企业竞争优势方面，这些企业也各有特点。有的靠设计和品牌赢得市场，有的靠硬核科技取得竞争优势，有的靠"平台＋数字网络"获得商业模式的成功，有的靠管理提质降本，获得发展，有的靠企业有机成长滚大雪球，有的靠收购兼并实现高速成长。可喜的是，这些企业的故事大多是我们身边的鲜活案例，对大家有更直接的参考价值。这些案例、这些企业成长的逻辑对做企业的人来说，都是他山之石，十分珍贵。

做企业是个知行合一的过程，要做好企业既要靠学习也要靠实践，只实践不学习或只学习不实践都很难做好企业，而学习的内容既有教科书里归纳的理论，又有现实里别人的实践经验，通过案例学习别人的经验往往更直接和有效，因为做企业归根到底是一个实践的过程。

改革开放初期，我们大多是学习西方发达国家成功企业的案例，而现在我国企业正在走近世界舞台的中央，我国企业所创造的经验越来越受到世界的关注，其中有不少已经成为经典案例，这不光是中国企业的荣耀，也是世界管理界的重要资源。我十分赞成案例这种以事讲理的方式，从这方面看，这本书也很新颖。

当前，经济处于后疫情时代的恢复期，国际形势十分复杂，在这种情况下，企业该怎样做？我觉得还是应该稳中求进，以进促稳，稳是手段，进才是目的。日本当年经济泡沫破裂后，不少企业选择了集体躺平，不借贷不投资，当然也不发展，造成了"失去的三十年"，我们决不能重蹈它们的覆辙。再看本书案例中提到的企业家，他们大多是在困难中逆袭成功的，做企业既要有理性思维，也要有那么一股劲儿，而这股劲儿就是企业家精神，我们今天尤为需要这种精神。

正和岛是个服务民营企业家的平台，平台深度服务的客户企业（年营收亿元以上）接近 1 万家，其中 600 余家是上市公司。这些年这个平台也因大环境的变化而不断调整，现在逐渐成为我国民营企业的交流学习平台，不光打造了正和塾和问道塾这些培训学习平台，还为企业家们提供了高质量的《决策之道》（未公开出版前为《决策参考》），公众号发表的文章有很多是阅读量超过 10 万的有影响力的文章。正和岛推出的系列丛书也成为企业界关注的有思想性的作品，我之前先后为《打胜仗》和《大周期》写过序。其实正和岛本身也是印证增长不难的案例，希望未来有更多的企业成为增长不难的案例，也希望更多的企业能从案例中获得灵感和勇气。

对中国企业来讲，前面的道路并不平坦，我们必须有充分的思想准备，要克服困难，既需要企业家的智慧，也需要企业家的勇气，既需要我们借鉴过去的成功经验，也需要我们进行新的探索。正所谓"世上无难事，只要肯登攀"，在这方面，《增长不难》中的本土企业家们为我们树立了学习的榜样。企业营销无国界，企业家有祖国。当下正是祖国需要中国企业家冲锋陷阵的时候——中国企业家必须做好，也一定能做好，为国家，为企业，也为自己。

宋志平

中国上市公司协会会长、中国企业改革与发展研究会首席专家

2024 年春节

夜空中的一道光

"你看看方太的那个小茅总，他讲，'我们的产品比别人卖得贵，还比别人卖得多，这才叫本事'。" 2023 年 5 月 24 日晚，久违的"正和岛夜话"上，周其仁对现场的近百位企业家娓娓道来。

方太的高端厨电之路的确走得比较成功。从老茅总（茅理翔）的点火器开始，这家企业坚持价值驱动，一路进化，反超洋品牌，成了本土高品质品牌的一个范例。

屋外，星月皎洁，明河在天；屋内，专心致志，热气腾腾。大家围成一圈，感受这位备受尊崇的经济学家的思想高度，听他抽丝剥茧，直击本质。

这是周老师习惯的场景。从钻研农业转向研究企业之后，他是国内去企业最多、最勤的学者之一。企业家往哪儿走动，有什么困惑，有什么新鲜的想法和干法，他都相当了解。尤其是，他还善于表达，把深刻的洞见讲得质朴又生动。

　　周老师接着讲到蜜雪冰城，一个主打下沉市场的茶饮品牌，它不光成为本土门店之王，在东南亚市场也星罗棋布，大受欢迎。

　　作为夜话的主持人，我灵光一闪：在企业家们普遍看不清前路的时候，周老师给大家提供了几条可选路径。向上走，拼质量，跻身高端，脱离价格战的陷阱与同质化的不归路；向下走，拼效率，以规模优势与高性价比吸引大量消费者；向新走，摆脱路径依赖，也是乱局中的好路；向外走，以多年积累的速度优势、人才优势、供应链优势破除内卷。不管选择哪种路径，都需要结合认知、产品、组织、模式等方面进行有效创新。

　　一本新书的创意诞生了！就是这本《增长不难》。新经济周期、内卷市场、增长是企业共同的难点和痛点。各路专家的说法和方法千千万万，我们选取其中的至简大道，直击本质，并结合实践中的标杆实例，铸成方法、路径。

　　近几年，正和岛书系影响力蒸蒸日上，究其根源，便在于总有师友激荡"源头活水"，总有高手碰撞思想火花。

　　《打胜仗》持续热销，该书的创意最初便是和华为顾问田涛老师在电话里聊出来的。田老师之前应邀给一套书作序，他直觉"打胜仗"应该成为企业的普遍追求以至管理信仰，建议我们将这一理念推而广之，发扬光大，于是有了《打胜仗》。

　　《大周期》备受关注，该书最初也是茶余饭后聊天的产物。有一次正和岛《决策之道》开专家顾问会，听取大家对内容的建议。会前与吴伯凡、官玉振老师聊天，大家都觉得"周期"是个好话题、大话题、重要话题，于是马上和刘东华老师（正和岛创始人）商议，遂有了此书。

这本《增长不难》，则是周其仁老师无意中的创意赞助。

愿团队半年间的努力，能使它不负读者的期待。

2024 年，世界注定不安宁、不平静、不明朗。

康德有句话同样适用于企业经营者："有两样东西，我们愈经常愈持久地加以思索，它们就愈使心灵充满日新又新、有加无已的景仰和敬畏：在我之上的星空和居我心中的道德法则。"

一方面，人穷则返本。天气晦暗不明的时候，回归初心，不忘来处。为什么坚持？想一想当初。

另一方面，即使在泥泞里打滚，也不要忘了仰望星空。深邃的夜空藏着很多秘密与答案，只要一直向着星辰大海的方向，天空就总会有亮光划过，照亮心田。

陈为

本书总策划、正和岛总编辑

目录

1

第一部分
向 上 走

这是一个"正在进行时"。

在新一轮消费升级中，人们对品质有更高的追求，这推动了大量中国本土品牌的升级、向高端化延展。高端市场亦被不少企业视为市场上水草旺盛、利润丰美的地带，借此可以期冀远离同质化的低价竞争泥沼，谋求更大的获利空间。

诚然，不少企业尚在升级的路上，并未完全被认可为高端品牌。但我们要承认，大量中国品牌早已不是"低价低质"的代名词，它们正在创造一个新世界：高端品牌有越来越多的中国元素。这在深层上植根于国人的文化自信，以及中国制造、中国智造的硬实力。

在这一部分，我们选取了3个本土品牌和1个国际品牌。方太在成立之初就确定了"做中国人自己的高端品牌"的远大梦想，把企业文化转化成生产力；波司登从代工起步，逆转羽绒服产品的中低端刻板印象，不断增强年轻化、国际化、专业化、品牌化；金晔之所以能够卖出同类零食产品4倍的价格，离不开扎实的产品、朴素的管理理念；戴森则用四个核心策略让快消逻辑顺利落地，依靠个护产品在中国一炮而红。

"高端化"是诸多企业想挑战的高峰。但需要提醒的是，品牌高端化并不适合所有的企业，它不是一句口头的宣言，更不是一味地提升价格。摒弃中低端的标签，品牌故事和形象被认可尚需时间的沉淀。

对企业而言，做好产品、提供高价值并学会与客户沟通，从而升级品牌是向上走的必由之路；对中国消费者而言，需对国际品牌保持平视的开放学习心态，对中国本土品牌多一些肯定、包容和耐心。在世界舞台上，终会有更多的中国品牌群星闪耀。

第1章

方太凭什么逆袭"洋品牌"

方太，成立之初就把"做中国人自己的高端品牌"确立为梦想的企业，28年来从未偏离过"高端"这一战略定位，是中国式定位的典型代表。正如方太董事长茅忠群所言："高端，是方太的品牌定位。"

2020年，在疫情的冲击下，方太仍实现了120亿元的年营收，同比增长10%。数据显示，其2022年实现营收162.43亿元，同比增长4.86%。疫情三年间仍获得累计48%的增长，持续领跑中国厨电行业。

在大竞争时代，杀伐激烈的中国厨电市场上，方太是如何以中国高端厨电品牌这一战略定位立于不败之地的？高端作为战略，是如何助力方太形成内部管理与市场竞争的双重动力的？方太以仁爱之心为高端定位的核心，又该如何理解？带着这些问题，让我们走进方太。

以高端作为战略，如何抢占用户心智

在今天的商业世界，企业发展常常面临一个核心问题：无论哪个行业，行业竞争都在变得越发激烈。在全球化持续推进的现代化进程中，每个行业都在同时面对来自国内外的双重行业竞争。**"凭什么赢得行业竞争"** 成为痛点。

以中国厨电行业为例。回溯十多年来中国厨电行业的竞争发展态势，方太一直不断明晰和调整战略定位，不仅逆袭了洋品牌，还穿越了行业周期，多次取得逆势增长的好成绩，如今已成为行业内的"头号玩家"。

复盘方太12年来在厨电行业的发展历程，我们可以清晰地看到，12年间，面对行业的演变和竞争对手的变化，方太在战略定位上做出了三个阶段的正确决策。

第一阶段：2010～2014年，应对国际高端品牌。

这一时期，德国品牌西门子在中国厨电市场中可谓一骑绝尘，2005年进入吸油烟机品类以来一度增长迅猛。

而作为本土化企业，方太针对中国厨房爆炒多、油烟大等特征，专注于生产更适合中国厨房的高端吸油烟机，将重心放在吸油烟效果上，提出"中国高端厨电专家与领导者"的定位。

这一战略定位其实是在告诉消费者，在高端厨电领域中，方太更懂中国消费者，更适合中国家庭使用，是专家与领导者的角色，从而一举明确了与西门子这一国际大牌的认知差异。

西门子的德国总部高管曾说："我们的厨电在全世界任何地方都是高端的象征，但在中国，方太的产品卖得比我们贵，卖得还比我们多。"

第二阶段：2015～2019年，应对国内品牌夺位。

这一时期，方太与老板电器呈现出"双足鼎立"的市场局面。2015年后，在吸油烟机品类中，方太与老板电器的竞争呈现出愈加胶着的状态，双方也均有自己的高端标准。

此时，方太调整战略定位，转向开创新品类和新产品，相继推出"云魔方""星魔方""智能升降云魔方"等一系列高端吸油烟机产品，再度奠定了其在业内的领导地位。同时，方太在全球首创专为中国厨房设计的水槽洗碗机，开拓了一条新的增长曲线，于2017年成为中国首个年营收过百亿元的厨电品牌。

如果用一个比喻来形容这一过程，那就是，企业就像一条龙，当龙头起飞后，龙身和龙尾也会跟着起飞，企业的核心业务就是龙头，当核心业务腾飞后，其他业务也会一并取得发展。当时方太的战略是，争夺集成厨电和洗碗机双品类的顾客认知和市场份额的第一，通过双品类的第一带动其他业务的发展。

第三阶段：2020～2022年，战略升级，实现超越。

这一阶段，方太再次对中国厨房环境和需求进行了深度分析，**针对中国家庭厨房面积普遍偏小以及开放式和半开放式厨房成为主流趋势的特点**，聚焦发力集成烹饪中心，及时应对集成灶品类的崛起，全力抢占高端集成厨电市场，再次引领行业升级。

明确顾客需求，是方太做对的第一个关键动作。

中国家庭厨房一大明显特点就是面积比较小，所以越来越多的年轻人开始选择开放和半开放式的厨房，这就对厨电的美观度和集成度有了更高的要求。在此需求下，集成灶市场随之迎来井喷式发展，10 年时间由过去 20 亿元的规模发展到如今 300 亿元的规模。

此外，与欧美国家相比，中国洗碗机市场的饱和度相对较低，入户率只有 2% ～ 4%。而且，中国家庭厨房中会有很多像锅、盆等的大件厨具，小型洗碗机很难完成这些大件厨具的清洗，**拥有大空间的箱式洗碗机愈加受到消费者的关注。**

在明确这两大趋势后，方太开始将重心布局到高端集成厨电以及水槽洗碗机和箱式洗碗机的研发上，推出了集成烹饪中心和搭载全新一代"高能气泡洗"技术的水槽洗碗机与箱式洗碗机，极大地满足了顾客所需，也因此找到了新的增长路径。

方太集成烹饪中心 3 年走进 120 万多户家庭，被称为"下一个十年中国厨房新中心"，在集成厨电赛道中开拓出了一片新蓝海，并已被方太确认为新兴品类中的"拳头"产品[1]；方太嵌入式洗碗机 G1 和方太水槽洗碗机 Z5 双双入选 TOP10 畅销机型榜单，独占两席[2]。

不难发现，战略定位上的每一次调整与升级，都助力了方太找到一条全新的增长与破局之路，并帮助它赢得了消费者的选择与

---

[1] 数据来源：中怡康报告。
[2] 数据来源：中怡康零售监测数据。

青睐。

如果问在方太 28 年的成长历程中，使其能够穿越周期、稳健乃至逆势增长的核心秘诀是什么，**那对自身定位的清晰明确和始终如一的坚守贯彻是其中的关键之一**。1996 年成立之初，方太所奉行的便是高端化、专业化、精品化的定位，并通过不上市、不打价格战、不欺骗的"三不原则"将这一定位贯彻至今。

高端定位如何与技术研发形成闭环

在方太董事长茅忠群看来，方太虽提出了迈向千亿级伟大企业的目标，但这一目标不是为了钱，而是为了亿万家庭的幸福提出来的。为此，方太高端厨电品牌的定位不会变，方太将坚持在高端厨电品牌这一定位的基础上做相应的多元化探索。

从茅忠群的阐释中我们不难理解，高端厨电品牌的定位于方太而言无疑是一个战略基点，相关业务会围绕这一战略基点展开探索，如此可保证企业的大方向不跑偏、动作不变形。

在方太的品牌建设和管理方面，方太副总裁兼首席品牌官孙利明有诸多独到的思考。在孙利明看来，今天的市场环境有两大典型特征，一是全球化，二是超竞争，全球化意味着企业的生产可以走向更低的成本，超竞争则意味着供应的增长远远大于需求的增长，企业不得不开始争夺相同的客户群体。

面对这样的市场环境，方太认为破局的路径只有两条：一是走

差异化路线，这主要体现在产品的创新上；二是大力支持品牌建设，让品牌牢牢扎根在消费者的心智中。

从企业战略发展层面来看，方太目前主要面临三个方面的挑战，一是国际大品牌强势进入中国厨电行业，二是国内家电巨头纷纷在厨电行业开辟新战场，三是近年来集成灶品牌的兴起。方太要想从这种内外夹击的状况中突围，挖掘到自己的差异化优势显得非常重要。

相较于国际国内的厨电及家电品牌，方太多年来沉淀了两大差异化优势：一是长期专注于高端厨电，方太的高端定位已经深深烙印在消费者的心智当中；二是强大的创新和研发力量，方太目前已拥有超 11 000 项国内授权专利，其中发明专利数量超 2600 项，掌握着厨电行业最大的"专利池"。

如此，方太在高端定位与技术研发上形成了一个闭环，高端定位要求其在技术上领先于行业，给顾客更好的烹饪体验，而技术上的领先又稳固了其高端的定位，这也是方太之所以能够连续多年一直牢牢占领高端厨电领域的消费市场的一个重要原因。

另外，在品牌的建设上，方太一直定位于高端厨电，但其中的一个难点是，如何让消费者感受到方太的高端？在这方面，方太也有自己的"独门秘籍"，孙利明把它总结为三点。

一是对价格的坚守，多年来，方太坚持不打价格战。

二是高端的形象，方太将时尚的设计品位与前沿的厨电科技完美融合，给人以高端的视觉、触觉和综合感官体验。

三是提供信任状，也就是向消费者提供一个证明其定位真实可信且符合逻辑的证据。值得一提的是，作为全国"吸油烟机标准化工作组"组长单位，方太主导修订了吸油烟机的国家标准，这既是方太的独特优势，也是一个非常重要的"信任状"。强调高端，强调技术领先，参与行业标准的制定就是一个最好的证明，方太可以把这一独特优势利用起来，进一步赢得消费者对品牌的认同。

在茅忠群看来，一家伟大的企业不仅要实现商业的经济价值，还要承担起作为社会组织的社会价值，导人向善。那么，企业怎么做才是真正的"导人向善"，而不是让"导人向善"沦为一种无力的愿望或空洞的高调呢？从战略定位的观点看，最重要的是以下三点。

首先，企业要致力于提高资源的生产力，降低顾客的选择成本，这就要求企业做好战略定位。一个最理想的状态是，让品牌在消费者心智中成为某种需求、某类产品或是细分特性的代名词，进而成为顾客的首选。

其次，战略定位要作为企业内部一致的经营方向，产品、价格、渠道、研发与产品进化、传播、运营模式甚至人才选择等都应该围绕这一定位展开，从而构建极具生产力的运营体系。

最后，当企业能很好地承担某种社会功能，成为某种商品、服务或专业分工的代表，它就可以持续为顾客和社会创造独特的价值，引领行业良性发展。

企业文化如何转化成生产力

方太有一大特色：重视中华优秀传统文化。方太的企业文化是如何转化成生产力的？

2008 年，方太内部开始全面推动中华优秀传统文化学习，以"仁爱"为核心理念，对集团已有的西式管理制度进行本土化改良。10 余年的发展实践中，方太形成了"中学明道、西学优术、中西合璧、以道御术"十六字方针的管理文化体系。

茅忠群曾经分享过方太的仁爱故事。2010 年中央电视台有过一个报道，大意是说厨房油烟增加了家庭主妇罹患肺癌的风险。看到报道后，方太敏锐地觉察到，过去吸油烟机的开发思路不太对，于是做出了很大调整。从原来的制定一个个量化指标，调整成了朝着定性目标——要开发出世界上吸油烟效果最好的吸油烟机进行开发。经过 3 年的努力，2013 年，方太"风魔方"上市。这款产品当时售价不低，要 5000 多元，但不到两个月就成了全国畅销榜冠军，而且把冠军头衔保持了 7 年之久。

方太把顾客当成亲人来研发最好的产品的案例还有很多，比如水槽洗碗机、净水机、集成烹饪中心等。这就是方太高端定位背后的企业发心：真诚、强烈的利他之心。在方太，文化是做业务的发心和方式，业务是文化的呈现和结果，这就是茅忠群所谓的"文化即业务"。

经过不断提炼、演绎和升华，2016 年方太又梳理出了自己的"企业三观"。

- 使命：为了亿万家庭的幸福。
- 愿景：成为一家伟大的企业。
- 核心价值观：人品、企品、产品"三品合一"。

这里需要着重讲的是，企业文化和价值观的落地其实是一件很难的事，很多员工的反馈是，文化和价值观好像总是飘在老板和管理层的口中，看不到落在实处的应用，最终导致这些美好的畅想成为流于形式的口号。作为中国厨电行业的领跑者，方太是中华优秀传统文化探索实践的企业典范。

方太是如何通过落地企业文化引领企业发展的？

多年实践下来，方太形成了四大践行体系，即"顾客得安心，员工得成长，社会得正气，经营可持续"（见图 1-1）。这四大践行体系可以说是方太将中华优秀传统文化落实到管理上的有效途径，分别对应的是企业长期发展的四个关键词——顾客、员工、社会责任和企业经营。四大践行体系也是一套成人成事的长期主义管理哲学。

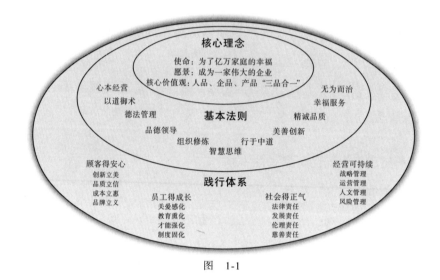

图　1-1

举个例子，在顾客得安心方面，方太考虑的不仅仅是冷冰冰的行业指标，而是在产品中加入了人性的温度，将产品对顾客的健康有没有益处纳入考量。如果没有，就坚决不做，如果有，那即使困难再大、投入再高，也要竭力做好。

比如，为了让顾客喝上健康好水，方太用8年时间研发净水膜技术，最终成功研制出NSP选择性过滤技术，打破了国外对净水膜技术的垄断，开创了中国技术定义世界净水的先河；为了真正实现厨房"闻不到烟味"的目标，减少油烟对顾客的伤害，方太专门去四川找辣椒来炒，每年炒掉上百斤辣椒，炒了整整3年的辣椒，最终研制出"不跑烟"的吸油烟机，再加上独特的工业设计、智能化性能，上市即成爆款。

方太在研发过程中，始终将顾客的需求作为技术研发的核心，致力于为社会解决实际问题，为顾客提供贴合需求的技术服务。这就是人品、企品、产品"三品合一"的研发闭环。在这一闭环中，顾客、员工与产品被统一于社会价值之中，社会价值同时又直接决定市场需求，影响企业经营。经过长期的坚持，方太便建构起一条从文化到生产力的转化之路，而"高端"就通过定位内化成为产品研发的方向，企业最终得以实现"文化即业务"。

传统文化如何与现代管理相结合

回看方太高端战略定位的成功，不难发现：方太不仅实现了中华优秀传统文化和西方管理科学的结合，更重要的是茅忠群把方太中西合璧的管理之道归结成了一套体系化、流程化和工具化的模式。这是一个非常重要的创新，方太摸索出了有效结合中国文化和西方管理科学且可落地的实践体系，为中国企业的管理理论创新和管理实践提供了一个新的思路。

方太的文化实践可以借鉴但很难复制，它的背后既有企业家个人坚定的追求，也有外部特殊的竞争环境。不过想要在管理中融入传统文化的企业，可以从方太身上借鉴"三心合一"的经验。

何谓"三心合一"？企业家要先结合外部的竞争环境，在顾客的心智中找到独特的定位机会，然后把企业的使命和愿景与顾客心智中独特的定位机会相对接，再通过激发所有员工的心智能量，让大家朝着一个方向去努力，最终实现顾客之心、员工之心和企业家之心的有效贯通。"三心合一"的过程也存在三个需要注意的关键点。

第一，使命源于外部。企业要取得成果，就要在竞争中有效创造顾客，所以企业的使命和文化的源头也要基于外部的客观机会，从向社会提供差异化价值的过程中探寻和确立"我从哪里来""我是谁""我到哪里去"。这意味着，企业家不能局限在自己的情怀当中，靠情怀很难打动顾客，要把视线放在整个行业的竞争格局当中，界定最大化的战略机会，在顾客心智中占据独一无二的位置，如此，企业的使命才能兼具主观性与客观性。

第二，敬畏顾客之心。在心智决定选择的时代，企业家要以顾客之心为心，但也需正确认识顾客之心，通常以企业家的"光明心""大爱心"来度顾客之心，就有错置的风险。

定位是使命的外化，使命是定位的升华。比如，方太的定位就是"中国高端厨电专家与领导者"，对外的定位表达为"创新科技，引领中国厨电"，简单直接，通俗易懂。在产品过多、信息急剧增加的今天，顾客选购消费类产品的时间极为有限，倾向快速决策，过于复杂的业务向的表达和感性情怀向的表达反而容易使顾客感到混乱，甚至遭到顾客的排斥。企业家勿以己心猜度顾客之心。

第三，成为内外心智的联结者。企业家的首要责任是成为内外心智的联结者。简单来理解，就是对于顾客要用简单直接的诉求去打动，对于企业内部的员工和高管则要用更高的使命和愿景来引导。企业内外部的关注点和重点完全不同，企业家要学会分而治之。

企业家思考得越多，用情越深，就越难从企业内部视角跳出来冷静客观地看待自己的品牌。要敢于放下自己，修炼"无我"之心。就像方太一样，对外明晰自己的定位，对内把清晰的定位升华为企业的使命和愿景，然后调动全体员工去达成，成为内外心智的联结者。

从这个意义上来讲，对于方太的学习不应该仅局限在文化层面，其品牌塑造的经验和对定位理论的深度理解也同样值得学习。

定位决定企业的业务选择，决定企业的营销及运营体系，未来还要与中华优秀传统文化中的"天人合一""修齐治平"等理念相结合，确立企业独特的使命和愿景，从而打造世界级的中国品牌。

如何在本行业、本领域中建立自己的产品或服务优势，实现对国内外相关企业的追赶和超越，方太的管理创新经验和品牌建设之道为中国企业提供了有益启示。

作者 | 马子珺　厚德战略定位研究院咨询合伙人

金
句

- 如果用一个比喻来形容这一过程，那就是，企业就像一条龙，当龙头起飞后，龙身和龙尾也会跟着起飞，企业的核心业务就是龙头，当核心业务腾飞后，其他业务也会一并取得发展。

- 如果说在方太28年的成长历程中，使其能够穿越周期、稳健乃至逆势增长的核心秘诀是什么，那对自身定位的清晰明确和始终如一的坚守贯彻是其中的关键之一。

- 方太认为破局的路径只有两条：一是走差异化路线，这主要体现在产品的创新上；二是大力支持品牌建设，让品牌牢牢扎根在消费者的心智中。

- 高端定位背后的企业发心：真诚、强烈的利他之心。在方太，文化是做业务的发心和方式，业务是文化的呈现和结果，这就是茅忠群所谓的"文化即业务"。

- 在人品、企品、产品"三品合一"的研发闭环中，顾客、员工与产品被统一于社会价值之中，社会价值同时又直接决定市场需求，影响企业经营。

第 2 章

波司登的品牌升级之路

从常熟高铁站驱车行驶，一路上先是鳞次栉比的高楼大厦，继而是低矮的房屋，接着是农田。就在我疑惑离波司登总部还有多远时，一栋大厦赫然出现在眼前，甚至显得有些突兀、孤独。48 年前，就是在苏南农村的这片土地上，波司登出发了，它从缝纫机小组起步，然后走向纽约、米兰、伦敦、巴黎的国际舞台；1995 年首次实现国内市场销量第一后，波司登便一直稳居中国羽绒服行业榜首，至今规模总量全球领先。

"波司登变了！"这些年很多人惊叹道。这个老品牌一次次刷新人们的认知。波司登在人们的诧异中走出了不一样的路线，甚至是波浪式的曲线。我们试图挖掘这家年近半百的传统服装企业为何能在竞争激烈的服装市场中经久不衰。它连续 29 年成为同行第一背后的成功要素是什么？它为何能一次次焕发新活力，从品牌老化到发展成为年轻人选择的时尚品牌？

波司登的腾飞

回溯波司登的发展历史，绕不开一个名字——高德康，波司登创始人。在某种程度上，波司登的发展史背后也折射着这位民营企业家的成长励志史。

高德康出生在江苏常熟的裁缝世家，1976年他带着10个村民，凑了8台缝纫机、一辆永久牌自行车，开始了创业之路。这是波司登创业传奇的起点。创业之初，高德康经历了那个时代创业的艰苦，企业没有品牌、没有订单，他就帮上海的品牌代工贴牌。1992年，高德康注册了"波司登"品牌，主营羽绒服业务；"波司登"品牌不是仅在国内注册，而是同时在全球68个国家和地区进行了国际商标注册，这承载着这家企业最初的"出海"梦想。

"波司登"1994年以自主品牌身份第一次开拓北方市场，但是由于缺少第一手市场信息，生产的23万件羽绒服只卖了8万件，其中联营品牌"秀士登"羽绒服卖了7万件，而自营品牌"波司登"只卖了1万件。服装行业的库存压力扑面而来。高德康到东北市场调研，发现衣服的颜色、面料、款式、板型、工艺全都有问题。而且，当时的羽绒服有一个通病：过于臃肿，缺乏轻便舒适感和时尚感。于是波司登开始做产品创新：采用国外进口的最先进的环保亚光染色面料，质量好，不褪色；提高内衬密度，减少钻绒现象；改进服装款式及板型，加入时尚元素。同时提高含绒量，锁定蓬松度，这样羽绒服更轻薄、更保暖、更时尚。波司登羽绒服焕然一新，也引领了行业的第一次时尚变革。

波司登羽绒服一下子成了市场上的香饽饽，订单像雪片一样飞来。1995年冬天波司登一炮打响：企业一下子从谷底跃升成为全国销量冠军。**波司登第一次坐上了国内羽绒服老大的位置。**

这次转危为机的经历给波司登带来深刻的启发：企业一定要坚持植根于产品的品牌化发展信念。之后的 30 年，波司登的发展跌宕起伏，不止一次从巅峰处一落千丈，又强力反弹、逆势增长。也正是品牌战略奠定了波司登一次次蜕变的基础。

服装行业的变迁

波司登的发展植根于整个中国服装业的肥沃土壤。从产业角度看，中国作为制造业大国，身处其中的服装行业经历了诸多变化。

中国加入 WTO 后，纺织业凭借低劳动力成本、低土地成本等优势快速发展，下游服装业较早放开管制，民营企业众多，竞争激烈，但主要是围绕成本的低端竞争。经过几十年的发展，服装行业格局发生了巨大变化，近几年进入低速增长的发展成熟期，多数服装企业或品牌存在明显的同质化问题，大量品牌、门店眼花缭乱。要突破瓶颈不在于拼门店的数量，而在于打造有竞争力的产品，塑造差异化品牌形象，讲好品牌故事。

羽绒服行业是中国服装行业的典型代表，新兴于 20 世纪 70 年代，壮大于 80 年代，进入 90 年代后迅猛发展并日趋成熟。一批以国有企业、集体企业背景为主的羽绒服品牌在市场化进程中集中加速分化和竞争。

如今，在中国制造整体升级的大背景下，中国诸多服装企业和品牌积极朝年轻化、高端化、时尚化发展，已有不少品牌在产品设计、研发、制造等方面都达到全球领先水平，甚至在一些方面超越了国际水平。国货的产品质量经得起严苛的检验已成为越来越多消费者的共识，但可惜的是，国产品牌的溢价却没有得到应有的匹配与充分的释放，"国货就不应该卖得贵""耻于卖贵""贵了就是自己人坑自己人"这样的认知仍然拥有不少拥趸，国产品牌的价值没有得到公平对待。与此同时，不少国货传统品牌疏于品牌建设，逐渐沉寂，淡出市场。国产品牌的高端化、品牌定位的合理升级成为有行业影响力和有责任担当的企业当下迫在眉睫的战略选择。

从小到大，从野蛮生长到精细化经营，是诸多中国民营企业经历的过程。波司登作为服装行业的代表企业、羽绒服老大，完成了一次次品牌升级，从低端到中高端，从中国到世界，这正是沉淀中国品牌升级经验的过程。

对消费者而言，品牌升级某种程度上意味着价格比同行高。波司登于 2018 年开启提价模式，主品牌提价幅度高达 30%～40%；1000～1800 元价位的羽绒服的比例从 47.6% 提升至 63.8%；1800 元以上的羽绒服占比由 4.8% 上升至 24.1%；千元以下的羽绒服则从占据半壁江山降到一成多。在经典的市场营销理论 4P 理论中，价格是关键要素，它由品牌定位和品牌感知质量决定。品牌定位决定了企业选择哪个细分市场，向什么样的消费者推荐产品，而这群消费者的可支配收入水平、消费意愿直接影响他们对价格的接受程度；品牌感知质量决定了消费者认为产品"值不值这个钱"，既有消费者对产品真实质量的客观评判，也有他们在主观情绪层面上的考量。

接下来，我们主要从品牌定位和品牌感知质量角度，剖析波司登品牌升级的经验。

品牌定位：危机后的涅槃重生

一般而言，服装分为大众休闲、高端奢侈、功能性服装三类。在波司登诸多的广告上，"羽绒服专家"是最常出现的关键词，羽绒服属于功能性服装，这也是波司登对自己的品牌定位。实际上，波司登在品牌聚焦上走了不少弯路。它的每一次飞跃都来自痛苦的涅槃重生，过程中遭遇过诸多中国企业的共性难题——多元化。

2007年10月11日，波司登在香港上市，成为中国羽绒服第一股。此后，波司登为了化解羽绒服作为季节性服装"看天吃饭"的风险，试图通过引入非季节性服装产品及多元品牌进行版图扩张，急于做大规模，提高盈利能力。在战略实施后的几年里，波司登一路狂奔，不断突破自己的边界。2009年，波司登提出了"多品牌化、四季化、国际化"的"三化"战略。随后，公司通过收购或入股方式，逐步进入高端女装、童装、商务男装等多个领域，零售网络也因此不断扩张。截至2011年年末，波司登的总门店数量累计高达 14 435 家。同时，其业务触角也延伸到了海外市场。2012年，波司登还斥资 3 亿元在英国买下一栋楼，开设了首家海外高端品牌旗舰店。

多元化对企业内部经营与管理有很大的挑战，这一直是很多企业面临的困境。波司登未能成为幸运儿。以上种种尝试的确让波司登短暂地经历了"高光时刻"，但后面业绩便再次陷入低迷。"三化"战略的副作用也开始显现：旗下品牌各自为政，未形成协同效应；被寄予厚望的四季化品牌缺乏准确定位，在行业没有竞争力。消费者对波司登品牌的认知弱化，波司登变成了"爸爸妈妈才会穿的羽绒服"，品牌急剧老化、品牌势能下降，和当时的主流用户渐行渐远。

品牌和用户脱节是企业发展的最大危险。波司登不得不忍痛断臂求生，彻底砍掉男装、家纺等多个业务板块，同时大量关店。仅在 2015 年，波司登就关闭了 5133 家门店，到 2017 年，仅剩 5070家门店。

2018 年，波司登提出"聚焦主航道，聚焦主品牌"的全战略定位，回归创业之初的打法，聚焦中高端羽绒服市场，开始了"二次创业"。这一措施成为波司登目前依然在坚持的核心战略，核心业务为自有羽绒服品牌的开发和管理，非核心业务包括贴牌加工业务、女装业务、多元化业务等（见图 2-1）。

羽绒服品牌	波司登 BOSIDENG 1992 年创立	雪中飞 SNOW FLYING 1999 年创立	冰洁 BENGEN 2001 年创立	
女装品牌	JESSIE 1999 年成立 2011 年收购	BUOU BUOU 2004 年成立 2016 年收购	koreano 1992 年成立 2017 年收购	KLOVA 2000 年成立 2017 年收购
多元化业务	飒美特 国际高端校服专家 2015 年合资创立			

图　2-1

资料来源：公司财报、36 氪、波司登官网、柯罗芭官网、西部证券研发中心。

波司登深谙品牌建设之道，善于使用"高举高打"的品牌推广方式。早在 1995 年，波司登就在央视黄金时段打出第一条广告，自此央视成为波司登品牌传播的主渠道，波司登也摸索出了"黄金媒体＋黄金资源＋黄金时段＋黄金季节"的广告投放策略。通过"铺天盖地"的广告传播，聚焦"羽绒服专家"，电梯广告屏、飞机座椅的背面、线下旗舰店……肉眼可及的范围内，波司登无处不在，经典的广告语如"为了寒风中的你，波司登努力 45 年""波司登羽绒服，畅销全球 72 国，赢得超两亿人次选择"深入人心。看似狂轰滥炸，实则集中火力在羽绒服单一品类上的做法，释放出了比较大的威力，在消费者心中将"波司登"品牌与羽绒服品类做了强关联，形成了"品类即品牌"的局面。就如同说到可乐，消费者就会想到可口可乐；说到汉堡包，消费者就会想到麦当劳；说到羽绒服，消费者就会想到波司登。

事实上，任何一个品牌的认知都有一个过程。"所有伟大的企业，都是冬天的孩子"，对优秀的企业而言，危机意味着危中有机会。回头看，多元化危机虽然让波司登经历酸楚，但从长期来看，这也让波司登获得了更快的发展，走上了品牌聚焦的道路，在消费者心中建立了更清晰的品牌定位，成为羽绒服的行业代名词。

品牌感知质量：如何赢得消费者

品牌的感知质量决定了产品在消费者心中的位置。什么是感知质量？就是消费者了解某一产品（或服务）的具体用途后，心里对该产品相对于其他同类产品的质量或优势的整体感受。一言以蔽之，人们对品牌的认同来自内心的感知和心智层面上的认同。

经营品牌就是经营消费者的感觉。前文中提到"波司登"成为代表"羽绒服"品类的品牌，那在消费者心中，波司登产品的质量自然是极好的。比起加拿大鹅动辄上万元的售价和相应能购买到的品质、质量来说，波司登千元档的价格与产品质量的预期间的距离更能令消费者感到满意和认可，这进一步夯实了它现有的产品定价体系，完成了高价优势的初步积累。这正是品牌感知质量的价值所在——感知质量优势可以转化为品牌的高价优势，高价可以增加利润，创造品牌可再投资的资源，而这些资源又可进一步用于提高品牌知名度，让更多的新消费者认识、愿意尝试品牌，还可以加强品牌联想，进一步深化"波司登等于羽绒服"的品类强关联，同时还能推动研发、创新迭代产品，更进一步获得良好的品牌感知质量，正所谓"一分价钱一分货"，由此形成品牌建设与业务发展的良性循环（见图2-2）。

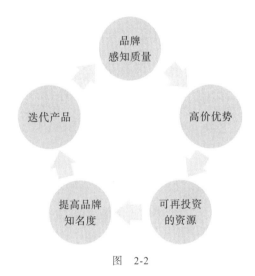

图 2-2

品牌必须用消费者的思维模式去进行思考，坚持消费者第一的发展理念，不断为消费者创造价值，而消费者对价值的直观感知来自产品。回归到羽绒服本身，它最基本的价值是御寒。波司登不断突破生产工艺，提升御寒功能性，围绕布料做升级，引进国际高性能面料，实现保暖且防风防雨、透气不闷；每一件羽绒服都经过62位工艺师、150道制作工序，并经受三重认证测试，即1.5万～2万次面料摩擦测试、1 万次拉链拉滑测试和 24 小时 -30℃极寒测试，以保证产品质量。

作为最早实现品牌化发展的第一批民族品牌，波司登的身上有很深的时代烙印，善于与顶级体育项目——冬奥会、登顶珠峰、远征南北极等合作，甚至被认为是中国唯一可以和国际羽绒服时尚品牌 PK 的民族品牌。2002 年，波司登羽绒服被外交部作为国礼赠送给俄罗斯总统、芬兰总统等；波司登还走出国门，高调亮相纽约、米兰、伦敦三大国际时装周，2021 年首次荣登全球最具价值服饰品牌排行榜 50 强。在更为激烈的国际市场竞争中，波司登实现了从"产品出海"到"品牌出海"的演变，将波司登羽绒服产品销往全球 72 个国家。

以上繁多的动作与宣传将"波司登"与"高品质羽绒服"紧密关联，强化消费者对其"羽绒服专家"的认知，拉大了波司登与其他羽绒服品牌的感知差距，也进一步支撑了波司登的竞争定价体系。

多渠道、便利的体验也格外重要，要让消费者能看见且愿意尝试。波司登格外重视线下体验，采取"开大店，关小店"的策略，提高直营比例，又对标国际品牌，开设高水准体验门店。

品牌聚焦人群：年轻化

除了前文中提到的品牌定位、品牌感知质量，波司登之所以能成功实现品牌升级，还在于牢牢把握住了消费潮流——品牌年轻化。

消费者选择一个品牌，实际上是选择品牌背后承载的文化态度和生活方式。当前，服装消费呈现出个性化、多元化趋势。品牌如何实现年轻化，是诸多国内企业面临的挑战：不仅要卖产品，还要向年轻消费群体推广时尚的生活方式，深入地引起情感共鸣，拉近与年轻消费群体的距离，全方位提升他们对品牌的认知度、好感度。

2018 年，波司登踏上品牌升级之路，全新的竞争战略关键之一便是赢得主流用户的心。何谓主流用户？一般意义上是指26 ～ 45 岁的人群，他们属于当前社会的中坚力量，同时也拥有一定的消费能力。这个群体除了自我消费，还是主流的家庭消费人群，也就是不仅给自己买东西，还给儿女买，给父母买。

波司登的新崛起亦植根于年轻人推动的国潮热土壤。中国改革开放 46 年，历经从经济发展到文化自信，再到时尚输出、品牌输出的过程。中国制造业升级也极大扭转了人们对"国货质量差"的印象，高品质、强品牌成功"圈粉"年轻人。越来越多的年轻人对中国文化、中国生活方式变得自信，主动拥抱国产品牌。这个群体的消费者已经逐渐从原先看重保暖性和外观款式变得越来越注重功能性和科技性，他们愿意为此买单。波司登旗下定价 3000 元以上的羽绒服的购买者大多是喜爱追求高品质的年轻消费者。

"国货"与消费者之间曾经被断开的情感，正在被重新联结起来。传统品牌讲述新的品牌故事，各种中华老字号长出新芽：故宫推出了文创彩妆，大白兔联手气味图书馆推出了香水，六神花露水联合 RIO 推出了花露水风味鸡尾酒，茅台联合瑞幸推出了酱香拿铁……跨界合作，爆款频出，大量的中国品牌带来新惊喜。

波司登乘势而上，不断重新定义羽绒服，成为"国货之光"，品牌力正在不断重塑与增长。其一系列操作打破了大众对波司登这个中国本土品牌"乡土气"的固有认知，"波司登变年轻了，变时尚了"成为不少人对于波司登的认知，它不再只是父母们爱穿的羽绒服，还成为年轻时尚的代名词。据统计，在一线和新一线城市，波司登 40 岁以下的消费群体占比近七成。

除了常规羽绒服，波司登也在开发轻薄羽绒服，以延长主力业务羽绒服的售卖时间，并尝试从羽绒服品类向防晒服等品类延展。与发展早期的多元化不同，企业这次的调整是克制的。品牌感知质量高时，就会产生"光晕效应"：品牌名称复制到别的品类上时，消费者愿意接受的概率会高许多，大家会天然地认为波司登能做得好羽绒服，那它在防晒面料的使用上也会得心应手。企业的尝试便多了几分胜算。

"波司登们"的自信与挑战

当我问波司登最大的竞争对手是谁时，波司登高管脱口而出："我们自己。"简单的 4 个字中夹杂着满满的自信。

波司登自 1995 年首次实现国内市场销量第一后，便一直稳居行业榜首，至今规模总量全球领先；2007 年，波司登被国家质量监督检验检疫总局评为"中国世界名牌产品",这打破了中国服装业世界名牌"零的纪录";2022年财年年报显示,波司登集团营收和净利润连续5年创历史新高,其中经营溢利更是实现了双位数增长。波司登品牌毛利率亦实现连续6年稳定提升,波司登成为中国服装行业的一张名片。

"我们对中国制造充满信心"这句话同样是有底气的。波司登的第二大收入来源是贴牌加工管理业务,合作方包括众多国际知名品牌。中国制造逐渐从幕后走向台前,同时依然在幕后支撑起半边天。从国产羽绒服品牌近年来尝试转型的举措来看,国内品牌的自信心和实力都有提升,它们正在加速摆脱低端赛道的束缚。

"波司登们"面临的挑战也是真实存在的。羽绒服涨价已经不是新鲜事。这些年羽绒服一路涨价,从行业角度来看,高端羽绒服确实是一部分有钱人的选择,但很多消费者依然将羽绒服看成必需品。一项报告发布的羽绒服价格调查显示,年轻人中能接受羽绒服价位在千元以内的占比超六成,选择商场里2000~3000元羽绒服主流价位的占比仅为4.7%。消费者越来越理性,追求性价比。"冲高端"、品牌升级是若干个中国企业的愿景,可如何才能让消费者"肯买账"依旧是它们共同的难题。

此外,横向看服装市场,不少国际品牌存在向下沉市场发展的趋势。比如优衣库等诸多品牌正在往中国三四线城市下沉。品牌升级是否会导致品牌丢掉三四线市场?如何抵御跟随者的进攻?这些都是"波司登们"不得不面对的问题。

实际上，越来越多的中国企业步入了品牌升级的阶段。华为、小米、李宁、阿里巴巴、波司登等群星闪耀，为后来者点亮前行的方向。对中国企业来说，未来5～10年是走上世界舞台的黄金时期，中国品牌在成为世界品牌的探索过程中，有荣光，也依然有很长的路要走。

作者 | 曹雨欣、熊时实

金
句

- 企业一定要坚持品牌化发展的信念。之后的 30 年，波司登的发展跌宕起伏，不止一次从巅峰处一落千丈，又强力反弹、逆势增长。也正是品牌战略奠定了波司登一次次蜕变的基础。

- "所有伟大的企业，都是冬天的孩子"，对优秀的企业而言，危机意味着危中有机会。

- 品牌必须用消费者的思维模式去进行思考，坚持消费者第一的发展理念，不断为消费者创造价值，而消费者对价值的直观感知来自产品。

- 品牌如何实现年轻化，是诸多国内企业面临的挑战：不仅要卖产品，还要向年轻消费群体推广时尚的生活方式，深入地引起情感共鸣，拉近与年轻消费群体的距离，全方位提升他们对品牌的认知度、好感度。

- "冲高端"、品牌升级是若干个中国企业的愿景，可如何才能让消费者"肯买账"依旧是它们共同的难题。

第3章

金晔食品："山里红"卖出高价钱

在济南市济北经济开发区的一处厂区内，竖立着几棵山楂树，遒劲挺拔，依时令萌芽生发，开花结果，迎来送往。在这里，每天几十吨的山楂运进来，经过一道道工序，一颗颗山楂果完成"七十二变"，变为几十种山楂果肉制品，山楂棒、山楂条、山楂球……

这些山楂制品并不"便宜"，根据在卖场调取的销售数据，金晔食品的价格在中高端山楂食品中排第一，同类山楂零食产品大概10块钱一斤，金晔食品的产品却可以卖到40块钱的"高价"。尽管如此，这些产品依然受到了消费者的欢迎，近3年金晔食品的业绩、利润、员工收入、税收等各项财务指标每年翻番，从2016年到现在已经增长近10倍。2022年实现了营收从2.2亿元到4.6亿元成倍的增长，在全国大型连锁超市中的销量名列前茅。

李金伦是金晔食品的掌舵者，他身上有着"山楂树"般朴实的气质：个头不高、不善言辞，吃食堂、住宿舍、穿工装、领工资……他不仅不符合"老板"的常规形象，还常常有"不寻常"的举动，比如，每天花3个小时大声朗读商业经典，自称"小学生"，时常背着装有20本书的双肩包。接触过李金伦的人总会大呼他为

"奇人"，并不由得对他所掌管的公司产生好奇。跟随正和岛案例探访走进金晔食品，我们和李金伦聊了聊。

高端零食 vs. 朴素理念

现在越来越多的消费者不再相信天花乱坠的包装和广告，转而去仔细研究配料表。李金伦推出的几十种休闲食品的配料表内容绝大多数只有山楂、白砂糖两项——"无添加"便是金晔食品的重要标签。

要知道，这在现在看来稀松平常的概念放在 2013 年可是"石破天惊"的先进理念：当时整个市场的山楂制品客单价不超过 10 元钱，"无添加山楂制品"的出现不仅填补了可以满足消费者健康需求的零食市场，还打开了 10 元以上的高端赛道。

常年在山东市场深耕厚植，李金伦为何能提出领先于当时市场的理念？

这得从他的创业经历说起。2003 年，李金伦与妻子孟晔经营着街边不到 10m² 的小店，店里售卖奶粉、奶片等乳制品，这一年，他从两个人的名字里各取了一个字，注册了"金晔食品"。也正是在这一年，他发现奶片销量出奇地好，嗅到商机的他跑到内蒙古伊利总部，争取到伊利在济南的代理权，转型为厂家代理商。这款奶片果然迅速打开了市场，公司月销售额从 5 万元涨到 10 万元、20 万元，没过多久，李金伦便成了一个百万富翁。

　　但到了 2008 年，三聚氰胺事件爆发，整个乳制品行业陷入萎靡。诸多因素的叠加影响下，公司从月收入最高峰的 70 万元降到 10 万元，再到负债几十万元，最终因资金链断裂而停止运营。

　　经此一役，李金伦决定不再给别人卖货，而是自己去做生产，转型为生产商，并在当时就下定决心：一定要做安全的食品。"经历过苏丹红事件、三聚氰胺事件，我就想为什么要加添加剂呢？"他说。当时市面上的山楂制品通常是山楂酱掺和山梨酸钾、苯甲酸钠、纤维素、糖精钠等化学成分，放的糖很少，山楂也很少，还因为怕坏掉而添加了很多防腐剂，所以很便宜。但他认为，如果选用品种好的山楂，再加上好的杀菌工艺，其实是不需要加添加剂的。而且，实际上，山楂的含糖量比苹果、梨高出一倍多。人们感觉山楂比苹果、梨酸很多，甚至经常被它"酸倒牙"的原因是，山楂果肉中有机酸的含量比苹果、梨高出 2～3 倍，高含量的有机酸冲淡了糖的甜度，而添加糖能够中和酸味，使口感更好。

　　"做食品不要去做一些让人不安心的事情，做到'安全放心'就是我的初心。"李金伦说。刚创业时社交圈有限，但他喜欢读商业、销售与市场等方面的书，书中总是会提到健康、无添加等理念，这种先进理念促使他坚定地选择走健康的、无添加的、安全的道路。再加上当时正赶上消费升级，无添加的山楂产品一经推出就得到了市场的认可。尤其因为金晔食品的山楂不仅符合休闲食品的口味要求，还更天然健康，很多家长给孩子吃得更放心，企业的发展也重新回到了正轨。

"随着生活水平的提高，很多消费者越来越注重体验，关注情绪价值，未来将有越来越多高品质、高性价比的产品走进生活。"李金伦说。其实"高端"与"大众"并不是对立的，而是相容的，"就和我们吃的日航餐一样，它们很精致，一个小碗一个小碗的，但其实并没有多少成本，并不贵"。在他看来，高端并不意味着价格高，而是类似于一种"高级"的感觉，不是单纯的买得起买不起，而是会让消费者感觉钱花得很值，"甚至更便宜，但是有高级感"。

近年来，山楂原料、白糖、人工都在涨价，但金晔食品的产品价格却一直比较稳定，原因也是基于站在消费者立场的朴素理念——维护消费者的利益。李金伦说，金晔食品会把更多精力投入在提高经营能力、经营效率和管理水平上，这样就能坚持不涨价。他始终认为，企业的用心消费者是能够感知到的，时至今日，金晔食品甚至没有花过一分钱广告费，品牌是靠老老实实卖产品卖出来的。

"不计成本"做产品

李金伦有一个随时携带的背包，里面装着已经被他翻烂了的一本本商业经典书。从2016年开始，他每天坚持花3个小时大声朗读这些商业经典内容，同时在线录制，打卡分享。他把稻盛和夫的《京瓷哲学》和《付出不亚于任何人的努力》各读了100多遍，把

《赌在技术开发上》读了200多遍。看过这些书，他深刻地意识到，企业发展的焦点一定是"谁给你钱"，产品是顾客与企业交流的载体，那就一定要把产品搞好。

从商贸公司转型做研发，开始时李金伦经历了很多困难，是稻盛和夫做产品的信念支撑了他。"只要渗透到潜意识，睡也想，醒也想，天天在想，然后不断地去做，总有一天会成的。"他说，产品研发没有捷径，焦点在哪里，精力在哪里，成果就在哪里。

比如，当时为了实现学以致用，真正贯彻现场、现物、现实的"三现主义"，李金伦把自己的总经理办公室贴上了封条，把被褥直接搬到了工厂宿舍，开始泡在研发室里搞研发，"稻盛先生这么做，我也这么做"。他有样学样，先做了再说，等做过后发现果然有道理。在研发室里，他不仅研发出了六物山楂条、酵素山楂条等新产品，还研发出了山楂饮料，开始进入饮品赛道。

"认为不行的时候才是工作的开始""要付出不亚于任何人的努力""不成功绝不罢休"……李金伦不仅对书上的这些金句烂熟于心，更重要的是将它们真正应用到了企业的现实经营中。

比如，在做山楂饮料时，他发现市面上同质化的产品太多了，尤其是一些产品含有添加剂。"能不能做出不含添加剂且更好喝的饮料呢？"一开始，李金伦带领团队采用传统的萃取工艺，做了上千次试验都失败了，又试过将山楂干泡在水中做萃取，还是不行。他日日苦思冥想，大开脑洞，决定用山楂鲜果试试，这才终于成功。

但是对生产企业而言，产品研发是一回事，能不能做量产往往又是另一回事。当时金晔食品还没有自己的工厂，需要找代工厂做试验。代工厂白天生产自己的产品，李金伦和团队只能清洗设备后晚上再做测试，但由于萃取、过滤等环节的设备原因，投入了一百多万元的测试费最终还是失败了。不服气的他跑到河南的工厂再做试验，尽管萃取成功了，口感也不错，但萃取数量却十分有限，没办法批量生产。后来历经周折找到了可以批量生产的工厂，却被工厂直接拒绝：成本太高了，这样产出来能卖吗？

"很多产品其实贵的不是原料，而是工艺。"李金伦说，金晔食品研发新品的逻辑是，不考虑成本，先把好产品做出来，然后再想办法通过改善工艺、提高效率等方式降低生产成本。比如，在山楂饮料的生产过程中，现场的萃取设备不够，李金伦就又找了一个专门做萃取的工厂合作，萃取完后用大罐运输，这样成本降低了1/3。

同时，在不断创造新品的过程中，金晔食品的产品思路也渐渐明晰：首先，作为农副产品，山楂产品在制作工艺上不必过度追求好看，保持住原色就行；其次，包装要设计得好看一点，"人靠衣裳，马靠鞍"，比如山楂饮料的外包装就是专门请日本的年轻设计师设计的。

李金伦说，这个思路也与他自己的人生观不谋而合，"我就喜欢这种纯粹的、本来的面貌"。他说，人活的是一种气质，做本色的自己，老老实实的，反而更受欢迎，"我也受益于此"。作为农民的孩子，在决定发力山楂赛道前，他尝试的都是甜沫、八珍糕、胡辣汤粉、地瓜干这些"接地气"的农副产品，"我不是做高科技的人，脑子也不聪明，适合我就好"。

以这种思路做产品，山楂饮料一上市就大获成功，当年在山姆会员店销售额达 2000 多万元，第二年销售额直接涨到了 5000 多万元。也正是基于这种简单的理念，李金伦忍住自己的贪念，把其他产品线砍掉，投入全部资源，决心把山楂这一品类做透，练好基本功，而不是一味地扩张。2017 年确定将山楂作为主要品类后，仅仅两年，金晔食品就开始了成倍的高速增长。

高端局 vs. 低成本：做"没有围墙"的企业

金晔食品的厂区是没有围墙的，如果再深入了解一下就会发现，其"不设围墙"的特色同样体现在经营思路上。

"现在很多大企业都是资源整合高手，奉行'微笑价值曲线'。"李金伦说。企业可以只做价值的两端，即研发和品牌，最底层的贸易和生产则可以通过其他方法实现。就零售行业重要的渠道来说，自建渠道不现实，企业可以拥抱渠道，调动社会力量，想办法与渠道形成共生共融的生态。

比如，目前金晔食品的产品销售就大都以传统渠道为主，大卖场最多，尽管主流业态的销量在下滑，但它还是需要紧紧抓住的基本盘。李金伦说，这其中，"企业搭建团队对各方渠道进行高密度维护至关重要"。比如在沃尔玛，有专人维护和没专人维护，销量有时差几十倍之多，如果没有专人维护，这个渠道可能就"死掉了"，因此需要安排团队及时跟进，与卖场、店长一起做宣传。

不仅如此，企业还需要针对不同渠道的不同定位、不同文化做相应的布局。比如说，山姆会员店更强调品牌一致性和消费者体验，那金晔食品只需要提供好的产品和创新即可；大润发、永辉、沃尔玛等商超渠道则需要厂家提供更多的人员支持；变化快的社群又不一样，需要结合客户需求快速响应，做礼盒装、组合产品等渠道特定的基础定制产品。此外，对不同渠道采用的产品形式也不尽相同，超市往往采用大包装，便利店一般是小包装，客单价相对更低。

除渠道外，高品质产品只是高端定位的外显形式，背后对企业经营管理水平一定有着更高的要求：原料体系、供应链体系、服务体系、品控体系一定要是标准化的，只有这样才能生产出高品质的产品。

实际上，金晔食品在生产自己品牌的产品的同时，也为三只松鼠、麦当劳、海底捞、名创优品等一线品牌以及宝宝馋了等一系列母婴类头部品牌提供 OEM 代工，也就是希望能够与高手为伍，提高自己的标准化能力。"在与品牌紧密合作的情况下，文化融入意味着学习。"李金伦说。和大企业进行开放式合作能够吸取其品牌理念，提高自己。因此，一开始选择合作企业时，金晔食品就不会只看利润和业绩，不局限于把自己定位为"卖山楂赚钱的"，而是希望自己是一个不断成长的学习型企业。

举个例子，金晔食品曾接到一个果丹皮订单，算下来是赔钱的，但李金伦认为，虽然接单是亏损的，但可以提高效率，降低成本，一定会有办法盈利。寻找提高效率的方法总难不倒人：量变大后用整车运输代替零卖，那运输成本就忽略不计了，采购自动化设备做自动化包装也可以直接把成本降低五六个百分点。

再如，当前的饮料产业产能过剩，闲置率高达50%，而对当下规模的金晔食品而言，现金流最为重要。因此采用轻资产的模式运作，不投入过多的生产设备，不仅可以帮助金晔食品维持没有贷款、现金流充裕的状态，也可以帮助生产厂商释放闲置产能。

这其中的整体思路就是，企业要保持开放的心态，"公司只是社会生态中的一个环节而已，把别人的企业当作自己的企业，把自己的企业当作别人的企业，这样就打破了边界"。李金伦说，正是出于这种考虑，他对待竞争对手的态度也与众不同，"我和别人不太一样，我就希望竞争对手好，我希望竞争对手超过我，共同发展"。他说，其实真正的竞争对手是自己，竞争对手到来后，真正学到东西和得到提升的是自己。

就比如，当时金晔食品独创的山楂棒出来后深受小朋友的喜欢，同时也引发了竞争对手的竞相模仿，不少商家以降低价格来吸引消费者。但李金伦坚持认为，对消费者而言价格并不是最关键的因素，价格高一元、两元钱大家都买得起，企业一味地关注价格、关注竞争对手是不对的。所以金晔食品的原则是，不打价格战，而是把降低成本后的获利让给消费者，坚持自己的长期主义，"产品价值要和消费者匹配，不挣太多利润，但也不能完全亏损"。

在越来越"内卷"的商业环境中，李金伦就常常告诫自己，不要过于关注竞争对手，而要始终关注客户需求，这样打造出来的品牌才是有定力的。

一把手垂范，将"做"的文化扎根

走在金晔食品的办公楼中稍加留心就会发现，这里每一个角落都洁净如新，楼梯旁挂满了员工家庭微笑的照片，卫生间不仅明亮整洁、一尘不染，还随处可见周到的小细节，例如提供发圈、发卡等。"敬天爱人，为爱而生"的企业文化不再是表面工程，而是扎扎实实地落到了实处。

"企业文化不能只是口头说说，而是做出来的。"李金伦的经验是，想要让文化扎根到基层，企业家可以从"从上而下"和"从下而上"两方面进行思考。

就"从上而下"来说，如果把企业比作一棵树，那企业家就是树的核心——树根，是企业最大的变量、企业的天花板。也就是说，企业家首先要想明白"我到底是谁"，把自己赶下"神坛"，把"老板"的外衣去掉，真相往往就会浮现："我是001号员工，我是员工的一员，员工家人的一员。"那从员工视角来看，就能知道员工想在餐厅里吃什么，想有什么样的环境，想拿什么样的薪水……只有想明白"我是谁"之后，企业家才能知道"到哪里去""怎么去"。

李金伦说，其中的关键是，只有一把手从自身做起，一言一行率先垂范，才能形成企业独特的语言。比如，他看到垃圾就捡，每天跑步4公里，每天读书……久而久之员工自然受到影响，"文化是用行动影响出来的，光让别人做，自己却做不到那不太可能（实现）"。

当企业家把自己是谁搞清楚，剩下的要点便是"主干要清晰""末端要灵活"。"高管作为房子的四梁八柱，一定要和企业家一样，对企业文化要理解并贯彻，只有这样才能再向下传递。"李金伦说，一定要培养好干部，先抓"四梁八柱"，不然"四梁八柱"不结实，文化不充实，"营养"过不去，员工作为末端的"枝叶"也无法茁壮成长。

"树根"要把营养输送到"树干"，"枝叶"和"花果"将阳光传输到"树根"也同样重要。

但在现实中，不少企业的企业文化建设都流于形式，如何让员工自发地参与到企业文化的建设中？金晔食品学来的方法就是，通过志工团把企业文化的建设权、建议权交给员工，这样就形成了既能从上到下也能从下到上的循环。李金伦说，这一方面要看企业文化的核心能不能推动员工做对的事情，"比如打扫干净卫生后，就会很开心，像运动、健康、读书这些全是好事情，为什么不去做呢？"。另一方面，将权力下放，员工发现自己有权力了就自然而然地会有责任感。比如，金晔食品的志工团不仅有公选的团长做引领，还设置了打卡机制，团队内部团费、积分、奖励等制度"都是自己定的，自己开心就可以，而不是上面的人去管制他们"。

不仅如此，金晔食品还在实践稻盛和夫的"全员参与经营"，开经营发表会的时候，任何员工都可以旁听，都有经营参与权。这样每个员工都可以知道企业的经营状况——这个月账上有多少钱、挣了多少钱、亏了多少钱、哪个部门是亏钱的，还可以随时参与规则的制定。

李金伦将所有员工视作合伙人，员工的能力和对工作的态度就是他们的出资。但要想让员工自己把自己当成合伙人，企业的福利和关怀就必须做到位。首先，他给自己下了一个"死命令"：要在2025年前让所有员工的托底年薪达到10万元以上。目前，金晔食品一线员工的月薪就已突破7000元，远超当地市场平均薪酬水平。"这么好的员工连10万块钱都拿不到还怎么养家？如果没能实现，只能说是我和管理层的失职，那我和高管要拿工资补上。"他说道。

"企业不仅创造物质财富，还要创造精神财富。"这一直是李金伦在想并在做的。比如现在的金晔食品不仅卖山楂，同时也致力于传播惠及员工、顾及社会的企业文化。厂区开放参观、一年免费招待至少5000位企业家的本意，也是希望能够传递幸福的企业精神，顾及社会幸福。

　　这种价值观在纳税上也有体现，金晔食品不仅杜绝一切避税行为，还尽可能地往多了交，将更高的纳税金额作为激励企业发展的目标。"交税是企业的基本盘、生存的底线。企业如果不为社会交税，就没有生存的资格。"李金伦直言，企业存在的意义就是对社会有价值，如果在纳税这个问题上还讨价还价，那就意味着企业和社会的能量是相悖的。相反，企业对社会的贡献越多，回报就会越多，不仅能够得到政府的重视，更重要的是还能为员工带来无形的价值感。"纳税纳得好，企业的发展就会一马平川。"

　　李金伦用他和他领导的公司5年3倍的增长证明，同朴实的山楂树一样，只要真的俯下身子努力干，经营数字很快就可以扶摇直上，结出红彤彤的果实。

作者｜白志敏

金
句

- 高端并不意味着价格高，而是类似于一种"高级"的感觉，不是单纯的买得起买不起，而是会让消费者感觉钱花得很值。

- "只要渗透到潜意识，睡也想，醒也想，天天在想，然后不断地去做，总有一天会成的。"

- 人活的是一种气质，做本色的自己，老老实实的，反而更受欢迎。

- 真正的竞争对手是自己，竞争对手到来后，真正学到东西和得到提升的是自己。

- 企业家首先要想明白"我到底是谁"，把自己赶下"神坛"，把"老板"的外衣去掉，真相往往就会浮现。

第 4 章

戴森在华成功的启示：一个底层逻辑和四个核心策略

企业家可以分为两种类型，一种是销售型企业家，一种是发明型企业家。多数企业家属于前者，英国著名家电品牌戴森的创始人詹姆斯·戴森则属于后者。与乔布斯一样，他也将产品视为"技术与艺术"的完美组合。"我从不相信'伟大的营销活动可以取代伟大的产品'"，詹姆斯·戴森在其自传《发明：詹姆斯·戴森创造之旅》中如是说。

诚然，产品力本身就是第一营销力，但已然成为高端吸尘器、吹风机的代名词的戴森能在全球实现爆发式增长的原因，绝非产品自动脱销那么简单。

以戴森开拓美国、日本市场为例。2002 年戴森进军美国的时候，一举进驻百思买 50 家商店，但条件是戴森须在美国做全国性的电视广告。最后，詹姆斯·戴森亲自出镜，并以"制作了 5127 台吸尘器原型机"的励志故事打动了美国消费者。2004 年，DC12 筒式吸尘器被戴森引入日本，3 个月内就占领了日本 20% 的市场份额，成为最畅销的吸尘器。詹姆斯·戴森在自传中承认了日本市场的成功与戴森在日本六本木新城的广场举行的一场盛大的发布会密切相关——当时戴森在广场上设计和建造了世界上第一个透明赛车场（见图4-1），生动演绎了戴森机器内部气旋分离器分离灰尘时的离心力。

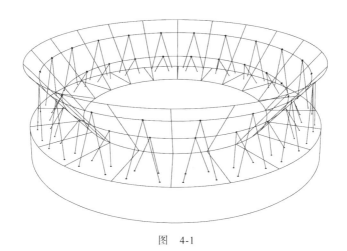

图　4-1

资料来源:《发明：詹姆斯·戴森创造之旅》。

那么，戴森在中国是如何实现爆发式增长的？戴森在中国的成功，可以概括为"一个底层逻辑"（用快消的逻辑来做耐消品，全域提升用户体验）和"四个核心策略"（注重口碑效应，将沉浸体验进行到底，抢占线下流量"C位"以及内容营销的"大渗透＋去中心化传播"）。

一个底层逻辑，用快消的逻辑做耐消品

与进军美国、日本市场的顺风顺水不同，戴森进入中国市场并没有那么顺利。戴森第一次进入中国市场是在2006年，它在南京

建立了电机工程基地，但 2008 年，戴森就放弃了中国内地市场，仅通过代理商捷成进军香港市场。直到 2012 年，戴森第二次进军中国内地市场，并在 2014 年大范围开设门店，同时布局电商市场，其在华营收才初见规模（见图 4-2）。

图   4-2

资料来源：专家访谈、增长黑盒。

但是，戴森前期在中国市场也没有掀起太大水花，当时所销售的产品以地面清洁产品和环境净化产品为主。直到 2016 年，吹风机 Supersonic™ 在中国发售，戴森才凭借个护产品开始在中国大放异彩。在随后的 3 年时间里，戴森保持着至少双位数的增长速度，2019 年仅中国区就贡献了超 100 亿元的营收。不过，戴森在 2020～2021 年增长势头放缓，仅能维持个位数的增长速度。

那么，为什么戴森在 2016～2019 年能够保持迅猛的发展势头，其成功哲学究竟是什么？

首先，戴森在中国市场的成功离不开强大的产品力。

任何品牌的成功，第一要义是产品必须足够出众。戴森从一开始就是一家技术驱动型的公司，产品足够贵，但也足够好用，从消费心理和消费功能上满足了用户的消费期望。

以 Supersonic™ 吹风机为例，该产品一面市就成为吹风机品类的爆款。Supersonic™ 凭借第九代数码马达、智能温控等技术，为行业带来了颠覆性创新。与高技术含量相对应的是高定价，相较于一众国产吹风机品牌，戴森切中了个护产品 3000 元以上的价格带，打开了高端空白市场。据专家介绍，在戴森吹风机进入中国之前，国内吹风机的平均消费价格在 200 元以下，消费者认知停留在低端产品上，而因为戴森的进入，中国吹风机品类的均价增长了 145%。

其次，戴森在中国市场逐渐积累了以快消的逻辑做耐消品的实战经验。

与大多数外资品牌一样，戴森进军中国市场时也出现了水土不服的问题。按照本土传统耐消行业 3C 电器品牌的打法，想要快速打开市场，普遍做法是先铺渠道后开门店，再让店员口干舌燥地向消费者售卖。但此种做法并不适合戴森，因为戴森早期起量阶段只有捷成一家代理商，想像本土传统 3C 电器品牌一样依靠经销商网络大面积铺店显然不够现实。另外，戴森的产品动辄三四千元，消费者若没有亲身体验，仅凭听觉或视觉接收到的碎片化信息很难做出下单决定。

因此，为了避免与传统 3C 电器品牌陷入同样的恶性竞争，戴森开始进行跨维打击：套用快消行业的经验，在线下让消费者从原来的单感体验升级到五感互动，在线上注重去中心化的内容传播，最终达到全域提升用户体验、提高用户对品牌的信任度的目的。

在这一底层逻辑的支撑下，戴森的全域营销做得非常均匀，其在营销费用的预算上会根据渠道的贡献程度进行配比——其中国区的线上和线下营收占比大概是五五开，线上和线下的营销费用占比也保持同等比例。

由于注重全域用户体验，戴森在中国市场渐入佳境，从原来的水土不服很快变成了"外来的和尚会念经"。

四个核心策略，让快消逻辑顺利落地

那么，戴森是如何具体运用快消逻辑来做耐消品的呢？其落地策略能带来什么样的启发呢？其有四个核心策略可以详细拆解。

第一，打造专业造型社区，注重口碑效应。

戴森用快消的逻辑做耐消品的过程中，最明显的举措就是以一个 3C 电器品牌的身份成功打造了专业美发社区渠道。

与 lululemon 注重品牌大使的口碑影响一样，为了进一步拓展个护产品在中国的重度使用人群，戴森在线下建立了社区渠道，其中国团队的核心成员不少来自欧莱雅集团，他们打造的专业造型师社区套用了欧莱雅在美业渠道上的打法，将超一线、一线美发场所的造型师视为与消费者互动的专业沟通媒介，在专业造型师的讲解和演示中自然植入戴森产品。这不仅可以增加造型师与消费者之间的谈资，更有利于间接影响消费者对戴森的品牌认知，扩大口碑传播。

目前，戴森在超一线城市的高端美发沙龙的渗透率非常高，每10位造型师就有6～7位使用戴森产品。全国约有100万位造型师，戴森覆盖了20万～30万位的高端造型师（平均单次理发价格在150元以上），并与1万位造型师签订了合作条款。值得一提的是，戴森并不是免费赞助造型师，而是向其销售比常规款线更长、风嘴更大的专业款产品。

从组织形式上来看，戴森也并没有直接签约造型师，而是找到全球排名第三的美发产品经销商作为总代，通过它来发展二级经销商覆盖终端，二级经销商负责与美发沙龙、造型师面对面沟通和成交。所有成交业绩归总代，二级经销商只赚服务费。

在激励体系上，与欧莱雅一样，戴森也注重对造型师的培养和价值加持。除了定期举行产品培训课程，戴森还会宣讲最新的时尚趋势，同时每年举行造型师大赛，邀请排名前10的造型师登上时尚杂志，帮助他们打响名号。此外，戴森也会邀请口碑好的造型师参与新品发布会或有偿参加戴森商场造型活动。

在双方的合作下，造型师贡献的戴森个护产品演示数量是线下门店的 200 倍。据悉，该渠道影响了 70% 的消费者的认知。

第二，线下路演，将沉浸体验进行到底。

美妆品牌普遍喜欢做路演，戴森借鉴了这一打法。在进军日本市场时，戴森就依靠一场发布会成功打开了知名度。在中国市场，戴森也十分看重线下路演对品牌力的支撑作用。

戴森的线下路演活动可以简单划分为三种类型——门店路演、核心商圈快闪、大型场馆展览，数量可用"地毯式轰炸""撒网式扩张"来形容。据统计，在新冠疫情前，戴森平均每年在中国各大城市举行 300 场路演，平均每年营销花费在 6000 万元左右。

从投产比来讲，戴森的路演一直处于亏损状态，直到 2020 年才开始微盈利，而路演所贡献的业绩在 2018 ~ 2019 年鼎盛时期也只占戴森全国营收的 1% ~ 2%。不过，戴森对路演的定位并不是创收渠道，而是将其视为品牌与消费者互动的信任窗口，目的就是增加与消费者的互动时长，长期占据消费者心智。

在具体执行上，戴森线下路演主要还是依靠门店路演和核心商圈快闪，现场由专业导购来完成演示和转化。导购人员由戴森方面直接管理，他们会接受官方话术培训。据悉，一个导购的 KPI 是每天完成 8 ~ 10 次的产品展示，而戴森在全国有 1500 名专业导购，按照一年 250 个工作日来算，戴森线下导购一年至少可以演示 300 万次。由于路演每个场次的投入和转化率不一样，演示的次数和现场销量没有直接关系，但据了解，戴森天猫官方旗舰店 1/3 的销量源自线下演示。

由此可见，品牌注重与用户的深度互动虽然短期内看不到立竿见影的业绩效果，但对占领用户心智和实现利润转化都有长足影响。

第三，商场门店降楼层，抢占线下流量"C 位"。

如果说在前两种策略中，戴森成功复制了化妆品行业的经典打法，那么，"商场门店降楼层"则是借鉴了服装行业轻奢品牌的经验。

戴森在起量阶段时，相邻门店品牌以同类 3C 电器品牌为主，2017 ～ 2018 年，戴森将门店逐渐降至商场一二层的核心位置，相邻门店品牌变成了服装和化妆品行业的知名品牌。戴森与它们做邻居，更能吸引商场的主流客群，增加与消费者的互动机会，提高互动频率。

当然，几乎人人都知道品牌选择商场核心位置的重要性，只是苦于没有资源和谈判砝码。那么，戴森是如何成功"降位"的呢？这与戴森的经销商体系变革密切相关。

2014 ～ 2017 年，戴森在中国只有捷成一家代理商。随着戴森进入全面爆发期，它对经销商的体量和资源打包能力都有了更高的要求。但捷成的经销资源主要集中在上海，无论店铺管理、商场门店维护还是落位，彼时的捷成已经达到了能力上限，无法满足戴森线下扩张的需求。为了突破线下门店的增长天花板，2018 年戴森对代理渠道进行了深度改革。

首先，代理商的数量由原来的 1 家增至 12 家。同时，在竞标时开始侧重有服装和美妆品牌代理经验的经销商。

其次，戴森将门店位置从商场七八层降至一二层的核心位置，最差也是地下一层，与华为、苹果、施华洛世奇的落位旗鼓相当。戴森现有经销商有始祖鸟、雅诗兰黛等知名品牌的运作经验，在与商场谈判时有很大的话语权。

最后，所有戴森门店人员直接归戴森方面管理。在这一点上，戴森打破了中国经销商的惯例，经销商的作用只是帮助戴森在商场中取得更好的位置，其成本只包括店面租金、物流、仓储等拓店费用，后期运营成本如门店装修、员工工资、活动经费等皆由戴森品牌统一管理。

此种"类直营"的做法一方面可以利用经销商的资源拿到核心位置，摊薄开店成本和风险；另一方面有利于加强品牌对 C 端用户的了解，有助于高端品牌保持统一调性。

第四，内容营销的"大渗透＋去中心化传播"。

除了在线下为了增加与用户的互动而采取的快消行业的三大策略，戴森在线上也以同样的逻辑来打造用户体验。

与美妆品牌一样，戴森十分注重内容营销，它的线上传播策略可以用"大渗透＋去中心化传播"来概括。事实上，戴森是最早一批注重内容营销的 3C 电器品牌。2015 年启用公众号，2018 年进入小红书，戴森是最早入驻这些平台的品牌之一。

从创始人詹姆斯·戴森亲自出镜做广告的故事可知，作为高端品牌，戴森与宝洁、欧莱雅一样，青睐品牌广告的大声量渗透方式。在品牌拓声量和建立品牌认知的阶段，在预算充足的情况下，这种广告方式是行之有效的。不过，随着用户注意力日渐粉尘化，戴森在坚持品牌大渗透的同时，也开始注重去中心化内容传播，其做法与美妆品牌类似，主要通过 KOL（Key Opinion Leader，关键意见领袖）、KOC（Key Opinion Consumer，关键意见消费者）等高势能人群向下渗透，利用 PGC（Professional Generated Content，专业生产内容）在小红书、微博、抖音等社交媒体平台上种草，再利用 UGC（User Generated Content，用户生成内容）的力量口口相传。同时，品牌也注重与"自来水"（指出于发自内心的喜爱和欣赏之情，不由自主或满腔热情地去义务宣传某项事物的粉丝团体）的有效互动。

小红书可以视为戴森以快消逻辑进行去中心化内容传播的样本，戴森在其中投放的达人账号类型以美妆和时尚穿搭账号为主，且这些账号的主理人大多是粉丝规模集中在 1 万～ 10 万人的腰尾部达人，这表明戴森的营销链路上非常去中心化，注重 KOC 的影响。

众所周知，戴森是依靠个护产品在中国一炮而红的，从戴森 2018 年推出的 Airwrap 卷发棒产品中，可以一窥其新品打爆的推广方式。

（1）预热期：科技类媒体首发　戴森一直主张自己是一家科技公司，在正式发布 Airwrap 卷发棒后，品牌最先找到了垂直媒体，不少科技类自媒体账号第一时间转载了消息，它们的内容科普引发了初次传播。

（2）爆发期：营销号破圈传播　初步造势后，情感、生活类自媒体账号也加入了话题制造和讨论，利用"贵""又来抢钱了""告诉我多少钱让我死心"等吐槽和卷发棒的惊喜效果制造的反差感带来第二次传播。这让传播范围迅速扩大，成功让卷发棒从直男关注的科技圈开始破圈。

（3）收割期：时尚美妆博主入场　鉴于卷发棒的用户群体中女性居多，戴森在最后的传播收割期选择时尚美妆博主进行精准营销，其中一篇公众号软文以"别人家老公（男朋友）""直男系列"等话题精准吐槽，引发了女性消费者的情感共鸣，获得了 1000 多万人次的阅读量。

通过一系列的传播动作，在与戴森相关的社交媒体舆论里，"女神进化论"成了热门关键词，"美好生活品质"成了与戴森绑定的概念。同时不难看出，虽然戴森自身不会营销"生活方式"等不符合科技产品调性的内容，但通过 KOL 的圈层渗透，它最终也达到了大众传播、接近生活的传播效果。

结语

总之，戴森在中国市场一度实现了高端家电的爆发式增长，这与其以快消的逻辑来经营高客单价的耐消品是分不开的。

德鲁克曾经说过，企业家面临的最大挑战就是在确定的现在与不确定的未来之间做出正确的判断。进一步说，企业家必须分清楚哪些是趋势，哪些是潮流。最需要强调的是，不管是真趋势还是假潮流，未来的消费者"东市买骏马，西市买鞍鞯，南市买辔头，北市买长鞭"的状态将成为常态。在中国市场上，无论既定品类的再创新，还是品类的横向分化，企业决策者都需要保持战略敏锐度，任何细分品类的红利都不容小觑。

作者 | 刘方舟 增长黑盒（Growthbox）联合创始人

金句

- 企业家可以分为两种类型，一种是销售型企业家，一种是发明型企业家。

- 任何品牌的成功，第一要义是产品必须足够出众。

- 品牌注重与用户的深度互动虽然短期内看不到立竿见影的业绩效果，但对占领用户心智和实现利润转化都有长足影响。

- 企业家必须分清楚哪些是趋势，哪些是潮流。

- 未来的消费者"东市买骏马，西市买鞍鞯，南市买辔头，北市买长鞭"的状态将成为常态。

增长是市场的馈赠，分化也是市场的必然。在收割了全球化的红利与信息革命的红利之后，世界经济如今终于走到了分化、徘徊与盘整的阶段，新一轮高速增长何时重启至今尚未可知。谁能捕捉到这一趋势，以及与之伴生的消费下沉、大众市场的悄然膨胀，谁就能迎来向上的逆势发展。

在慢增长的大环境下走上快速增长的捷径，这并非一种悖论，而是一种切实的、已经被屡次验证的可能。在2023年屡次创造品牌破圈话题、"这一杯谁不爱"的瑞幸，多次推出"国民神车"，喊出"人民需要什么五菱就造什么"的响亮口号的五菱，都是应用这一增长逻辑的佼佼者。

很多其他的企业也都走在这条道路上，它们可能尚未成为国民级品牌，可能因行业、地域等因素的限制还未为每一个读者所知，但其增长方法论同样可圈可点。新兴快餐品牌鱼你在一起、日本家具企业似鸟（NITORI）都是其中的代表，本部分对它们的经营方式都进行了深入浅出的解读。

物美价廉永远是最符合人性的商业策略，大众市场永远是商业世界的广阔天地。那些用心面对最广大的消费者的企业，最有可能穿越经济周期的颠簸与风浪，在春暖花开的明天绽放。

第5章

瑞幸：不充分市场下的增长奇迹

2023年，瑞幸和茅台联名的"酱香拿铁"成为当年最爆款的单品和最"出圈"的联名产品，这对瑞幸的品牌势能的拉升是空前的，其近期和POP MART热门IP的联名也吸引了众多年轻消费者。回溯瑞幸的联名史我们可以看到，联名是一个让外界对瑞幸品牌的认知不断提升的持续动作，就在酱香拿铁问世前一两周，瑞幸和维多利亚的秘密的联名也让人眼前一亮。

瑞幸实质上已经成了中国咖啡第一品牌。首先，2023年6月初，瑞幸的门店数量已达到1万家，2023年第二季度财报显示，截至2023年6月30日，瑞幸门店总数高达10 836家，瑞幸成为国内拥有最多门店的咖啡品牌；其次，对比星巴克同时期的季度财报，瑞幸在国内的营收水平也首次超过了星巴克。

2021年年底，瑞幸彻底解决了在美国资本市场的历史遗留问题，董事长郭谨一在2022年第一季度业绩沟通会上宣布瑞幸"彻底完成了历史切割"。"瑞幸活过来了"已经成为泛行业人群的共识。

这篇文章我将单纯地从商业角度去拆解瑞幸这个企业，希望能从中找到一些可以供大家借鉴的点。虽然我从瑞幸建立之初就开始观察瑞幸，但作为旁观者，我的理解也只是基于我个人的观察，并不代表瑞幸官方的解读，我只是给大家提供一些思考的维度。

在周期与波动中走出来的瑞幸

回溯瑞幸的发展，我们可以清晰地看到在这样的周期下，一个品牌经历资本热潮、在热潮下出现波折以及在波折后寻找自我的完整过程。

第一阶段是资本膨胀阶段。2017 年年底，瑞幸第一家门店在北京银河 SOHO 试营业，此后依靠资本的支撑快速开店，靠着大额补贴占领市场，并于 2019 年成功登陆纳斯达克，成为登陆纳斯达克速度最快的中国企业。

这一阶段的瑞幸与同时期的大部分企业差不多，在资本中诞生，也在资本中迷失自我。

第二阶段是在波折中寻找自我阶段。2020 年，上市后的第一年，瑞幸便遭遇了部分前高管财务造假事件，企业发展陷入低谷。

但也就是在同一年，瑞幸迅速调整，搭建新的管理团队，并与美国证券交易委员会就财务造假事件达成和解。在战略上，瑞幸调整了发展重心，放弃了和咖啡无关的业务，回归咖啡本身，并在次年与公司股东大钲资本和愉悦资本达成新一轮融资协议，成功重启。

第三阶段则是涅槃重生阶段。2022 年第一季度，瑞幸首次实现季度经营利润转正。

2022 年，瑞幸全年收入规模首次突破百亿元，整体营业利润首次扭亏为盈。2023 年 6 月 5 日，瑞幸门店数量正式突破 1 万家，瑞幸成为中国市场首个突破万店规模的咖啡连锁品牌，并于 2023

年上半年收入即突破百亿元，业绩持续高速增长。

瑞幸过去三年的发展基本上和线下最艰难的时期重叠，所以如果说这是风口的力量我不敢苟同，我觉得这是瑞幸在市场现状和自我之间找到了平衡的发展路线。

不充分咖啡市场

我相信中国存在巨大的待挖掘的咖啡市场，但我也相信这个市场不同于我们之前理解的"风口"性质的市场。

不同于传统的"风口"，咖啡的市场广度一直备受争议。德勤2021年的调查数据显示，中国大陆的人均咖啡饮用杯数是9杯，日本是280杯，美国是329杯，韩国则是367杯。从这个维度可以看出，即便与同处东亚文化圈的日本、韩国比，中国也存在巨大的市场潜力。

但德勤的数据报告同时也显示，2021年中国大陆一线城市人均咖啡饮用杯数是326杯，已经接近美国的人均饮用杯数。在这样的情况下，整个中国大陆的人均饮用杯数竟然只有9杯，这就从侧面证明了中国的咖啡市场存在巨大的发展代差，即一二线城市和下沉市场的代差。这个代差不会随着对下沉市场教育的加强而快速变化，因为咖啡的饮用频率和工作生活的节奏正相关。

因此，中国的咖啡市场呈现出一线城市饱和竞争甚至惨烈竞争，下沉市场潜力巨大且区域广阔但市场潜力迸发并不明显的状态。因此，想要成为一家成功的咖啡企业，就不仅需要靠产品和品牌势能在一线城市攻城略地，还需要依靠供应链、运营等满足下沉市场的慢开发。

充分竞争的咖啡市场应该是发展相对稳定的、区域间差距或者说代差较小的，但中国的咖啡市场明显是不充分的状态，即高线城市和低线城市之间体量、认知、渗透度存在巨大差异。咖啡企业需要做耕耘者，边耕边收，而不是在已有的市场上单纯靠价格、产品、品牌去竞争。

在这样一个不充分的咖啡市场中，瑞幸的发展让我们不得不提出几个疑问：

- 如何实现在不充分的咖啡市场的快速发展？
- 瑞幸目前的门店遍布全国，它是如何打开中低线城市市场的？

其实我觉得这两个问题可以用一个系统的问题——"瑞幸是如何打开咖啡市场并快速增长的？"来概括。我一直将瑞幸的增长定义为：边耕边种边收。在这个并不能算作强风口的市场里，只有自己努力挖掘需求，提供相对应的产品，持续激发消费兴趣，完成消费习惯的教育普及，才有可能实现大规模的市场占有。

这是一条与我们面对以往的消费市场时完全不一样的路径。

瑞幸奇迹：寻找最大公约数

我在很久之前的一篇文章中讲过，瑞幸打开中国咖啡市场的重要原因可以总结为它找到了中国消费者口味的最大公约数，但那只是从产品端的总结。当我再回头分析瑞幸时，我发现，瑞幸不仅在产品研发中找到了最大公约数，在运营、市场拓展、营销中，它都找到了相应的最大公约数。

这包括：高线和低线城市之间的最大公约数、好喝和品质之间的最大公约数、咖啡目标用户和茶饮目标用户之间的最大公约数、公私域之间的最大公约数、营销中台和门店特性之间的最大公约数。

找到最大公约数的企业有一个共同特征：成熟现代。这也是我理解的瑞幸与这些年跑起来的新消费品牌最大的不同，尤其是财务造假事件后的新瑞幸，它展现出了发展数十年的企业才有的老练与稳重，这种稳重在于可以协调和平衡各方面的发展。产品只是消费者可以体验到的一部分，更关键的在于，瑞幸如何制造源源不断的新品？新品火爆后的供应链支持系统如何打造？营销如何实现价值而不沦为只是喊口号？面对竞争时，如何做到内修和战略坚定？

我认为，成熟现代是当下很多中国品牌在发展中未做到的，也是急需达成的目标。它表现为产业链的完善与现代化、产品研发的标准化、运营网络的智能化、营销效果的最大化、企业管理的规范化等，而这些正是瑞幸得以实现真正的持续增长的内在源泉。

瑞幸为何能开出一万家店

目前国内能够突破万店的零售品牌不多，餐饮领域更少，因为餐饮涉及更加复杂的整体运营能力，且那些万店餐饮品牌又大多着重布局下沉市场，在广阔的市场中做到万店协同更难。万店餐饮品牌的几大必备因素，我总结为：完整完善的供应链体系、体系化研发以持续输出爆品、伴随式的品牌势能提升、互联网式数字运营。接下来我们着重分析下这四个方面，并分析瑞幸是如何做到的。

1. 完整完善的供应链体系

供应链是连锁餐饮品牌扩张的基础和决定连锁餐饮品牌天花板的核心要素。尤其是在中国，在广大的下沉市场，分散的市场对供应链的建设和运转挑战很大。所以供应链体系的完善程度决定了万店餐饮品牌的扩张版图和扩张速度，这是基础，在此基础之上的产业链上下游建设的水平决定了品牌能否"持续盈利和增长"，完整的上游供应链可以减少溢价环节，在规模效应的作用下降低成本。供应链体系的完整完善还有一个重要作用是保证前端产品的稳定供应，否则形成爆品却因为供应链问题错过爆发期就非常可惜了。

在这一点上，瑞幸是吃过亏的，在酱香拿铁前，瑞幸最火爆的产品是生椰拿铁，而当时瑞幸的供应链建设并没有现在这么完善，或者说当时瑞幸内部对生椰拿铁的爆火预期没有那么高，总而言之各方面的原因导致生椰拿铁长时间断货，甚至瑞幸为此还自我调侃说"产品负责人在海南摘椰子"。

也正因如此，瑞幸建设了中国万店餐饮品牌中最长最完善的供应链体系。完善的供应链体系是提升用户体验、提高产品质量、做低综合成本的重要手段。

瑞幸建立了完善的原材料采购、加工、物流配送体系，尤其是在原料上不断向上游延伸，和多个咖啡原产地紧密合作，合作伙伴遍及中国、埃塞俄比亚、巴西、印度尼西亚。

2. 体系化研发以持续输出爆品

相信大多数人不觉得万店和爆品之间存在强相关的关系，或者说很多人并没有看到爆品和万店之间的逻辑，尤其是对餐饮企业。品牌下沉和拓展需要经过阶段性的发展，在这个发展过程中需要不断输出品牌的影响力和知名度，同时也需要依靠爆品形成口碑，来支撑不断地拓店，或者说很多时候是爆品催生的需求推动了门店的拓展。一味地蛮干和投入很多时候并不会收获好的结果，哪怕开了店也会面临效率低下的问题。

而瑞幸保持着行业内最快的上新速度：2020 年，全年共推出77 款全新现制饮品；2021 年，全年共推出 113 款全新现制饮品；2022 年，全年共推出 108 款全新现制饮品。瑞幸也保持着行业内最高的爆款产品概率，基本上我们现在每个月都会看到瑞幸有一两款相对火爆的产品出现在小红书、抖音等社交平台。

- 2022 年 4 月 6 日，生椰拿铁上市一周年，销量突破 1 亿杯。

- 2022 年 4 月 17 日，新品椰云拿铁上市一周，销量突破 495 万杯，销售总额超过 8100 万元，至二季度末已卖出超过 2400 万杯。

- 2023 年 3 月 6 日，推出茶咖系列产品碧螺知春拿铁，作为春季限定产品，上市首周便实现销量 447 万杯。
- 2023 年 4 月 10 日到 4 月 16 日，冰吸生椰拿铁首周销量突破 666 万杯。
- 2023 年 9 月 4 日，联合茅台集团推出的酱香拿铁，首日便创造了 542 万杯的销售纪录，这可能也是中国现制饮品的单品销售奇迹。

创造爆品已属不易，持续地创造爆品对于大部分的品牌都有挑战，毕竟找到消费者喜好的最大公约数是一件非常困难的事情，需要综合考虑多方面因素。瑞幸的成功有一定的运气成分，但大部分原因还是源于瑞幸的标准化的研发体系，"好不好喝"是主观评价，但让大多数人感到"好喝"是有规律可循的。

"研发首先要研究消费者为什么喝咖啡""为了上新而做新品不是瑞幸的风格""瑞幸的研发实际上非常体系化和流程化，而实现这一切的底层基础都在于数字化"，在一次瑞幸控股股东大钲资本官方对瑞幸高级副总裁、瑞幸产品线负责人周伟明的采访中，周伟明是这么解释瑞幸的研发体系的。

生椰拿铁应该是瑞幸实质上的第一款爆品，第一款"出圈"的爆品，它奠定了瑞幸后续爆品的基础。在谈到是否会觉得生椰拿铁一定会爆火这件事上，周伟明坦率地说，"我们也没有预测到生椰拿铁会这么火爆""我们做研发不能保证某款产品一定大卖，我们可以保证的是这个产品的逻辑没有错，它是符合大部分人喜好的产品，我们只能提高这些产品的热销概率"。

为了保证产品研发的这个中位数，瑞幸的产品研发路径也与其他品牌不太相同。从组织架构看，瑞幸负责产品研发的有 5 个部门，分别是产品分析、菜单管理、产品研发、产品测试、优化部门。

首先是产品分析部门，负责从消费者角度分析某个产品能成为爆款的底层逻辑是什么。其次是菜单管理部门，主要负责稳定菜单结构（维护基本盘＋找不足），跟进未来 8 个月的上新计划。发现菜单中还缺少什么产品后，产品研发部门会通过内部赛马研发新产品。产品研发出来后再转给产品测试部门去做测试，和第三方公司合作做消费者调研。产品测试完后再交给优化部门进行审核和落地——确保新产品符合门店的实际操作要求。比如一些产品非常漂亮，但可能会因为过多占用门店的存储空间而被优化部门叫停。

据悉，在这套标准化的流程下，瑞幸的上新频率得到有效提升，但因为其具体操作流程标准化、自动化水平极高，所以员工的学习成本、工作难度、工作量实际上并不会太高。

但我觉得这些并没有真正揭开瑞幸爆款制造的全部秘密，毕竟流程大家都可以模仿，回到"实现这一切的底层基础都在于数字化"这句话上来，我们分析营销中台对瑞幸爆品路径的影响，营销对瑞幸品牌的价值不只是影响，更是带来了增长。

3. 伴随式的品牌势能提升

万店是量变，但这个量变需要品牌势能的提升才会完成质变，否则数字永远只是数字，甚至会在达到几千家后变得越来越难增长，遇到极大的瓶颈。店开出去了消费者认不认可？消费者对品牌的喜好度决定了消费者是不是会持续地购买，同时下沉市场对品牌溢价能力的独特喜好让品牌势能决定了拓店的速度和质量。

瑞幸成了年轻人最爱的咖啡，这依靠的并不仅仅是产品，营销的作用很大，而年轻人就是品牌势能提升的基础，他们是品牌的最佳"叫卖员"和势能"布道者"。

2023年10月17日，《第一财经》2023年"金字招牌"和"新国货榜样"榜单揭晓，瑞幸连续三年蝉联连锁咖啡品类第一名，晋升"金字招牌"。除了在"连锁咖啡"品类上斩获"金字招牌"外，瑞幸还首次在"速溶及即饮咖啡"品类中拔得头筹，这也在一定程度上体现了瑞幸品牌和产品势能的延续。同时，瑞幸已经连续四年入选食品饮料类"新国货榜样"榜单。

在更早的阶段，从同样来自《第一财经》的咖啡市场调研报告中我们可以看到，在新一线城市和二线城市，瑞幸18~24岁的咖啡消费者占比都达到了25%以上，而星巴克的占比为12.04%和

15.72%（见图 5-1）。

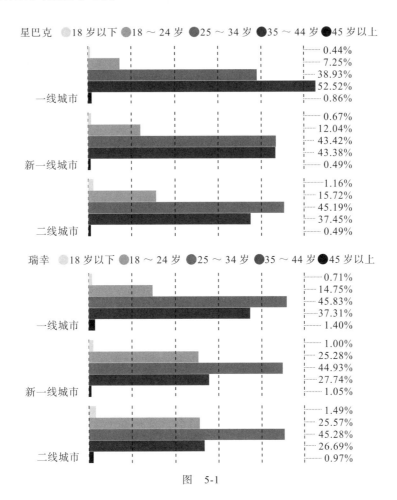

图　5-1

注：数据统计时间为 2021 年 3 月～8 月。

资料来源：MobTech。

这是营销对品牌势能的提升，但在瑞幸的身上，我看到了营销更大的价值，即营销对瑞幸的实际增长和业务起到了拉动作用。

据内部人士透露，瑞幸的每款产品在诞生之前，必然会经历一场"策创会"，在产品研发阶段接入营销、运营、供应链等各个板块，"多兵种"以数据为核心，共商目标，协同战术。

在这一阶段，营销完成了前置，和产品、运营、供应链提前协同，从而能够在瑞幸的产品销量从 1000 万杯到一亿杯的过程中持续产生作用。这里的作用不仅仅是前面提到的，能够让产品高度吻合营销的一切操作，从口感、质感等层面进行绝妙的匹配，始终确保产品有着"不仅值得喝，还值得说"的社交属性；更重要的是，营销对于数据的捕捉能够在关键节点实现产品的"成长需求"：不管是生椰拿铁严重断货时期的"花式滑跪"，还是有着"不上班"人设的利路修的及时介入，都是营销参与解决问题的表现。

瑞幸首席增长官杨飞分享过一个细节，椰云拿铁上市前，从产品研发到营销筹备历时超过 120 天，其间面临诸多问题，比如椰云拿铁的口感是否满足最大公约数的"好喝"，产品供应链与运营端如何应对产品上市后可能出现的不同情况，如何达成一个相对完美的动态平衡，如何确保爆品的持续供应——这其中，营销利用大数据，起到了重要的支持作用。

瑞幸的营销，不再局限于传统意义的上市后如何传播、如何跨界合作、如何表达创意，还增加了基于业绩增长的考量，不断推动产品创新、协助体系创造价值的内核。

据杨飞透露，瑞幸现已具备了通过前端的数据分析精准计算，为供应链、门店端提供支持的能力。"所有的营销推进，取决于对产品销量的预估和供应链的保障，这是高度一体的。"

瑞幸的营销体系是我认为唯一一个对品牌和增长都有强大赋能的体系，这个体系分为两部分，一部分是在智能化、数字化上努力，对研发端、运营段产生影响，促进增长，一部分则是让瑞幸的品牌势能持续提升。

4. 互联网式数字运营

如果说产品是接触消费者的最后一环，也是最密切的一环，那门店就是将产品与消费者联结起来的重要场域。门店位置、门店密度决定了消费者能否快速便捷地获得产品，员工协调、员工培训决定了消费者能否快速便捷地得到高品质的好产品。

互联网时代孕育出的瑞幸有更强的互联网属性。不管是开店选址还是门店运营都以数据为驱动。通过前端交互系统、运营系统、数据分析系统，构建覆盖门店选址、门店全运营管理周期到人才培养等业务功能的 ONE SYSTEM 全面系统化管理，实现管理线上化、操作简单化、数据可视化。以拓店为例，数据 + 应用，才能做到可持续、有序、高效的门店拓展。瑞幸还会结合内外部数据生成外卖热力图，提高选址质量。不是让顾客找门店，而是让门店找顾客，顾客在哪儿就去哪儿开店。

我认为传统企业的数字化升级还停留在"数字化管理"的阶段，只完成了工作在线化。而真正将运营交给数据和智能系统才是真正的数字化升级，数字化一定要帮助生产达到提效优化的作用，而不是只运用到管理端。

另外，运营的数字化是一个需要积累的过程，瑞幸从品牌建立之初就开始全链条的数据驱动和数据积累，这种数据积累可以不断解决通过数据发现的运营问题。只有不断优化，才能不断提高拓店准确率，快速获得消费者反馈，提升运营优化空间等。

瑞幸的独特下沉路径

瑞幸的下沉路径和所有已经在下沉市场取得成功的品牌或者正在进行下沉市场布局的品牌的下沉路径都不太一样。在我看来，目前的品牌下沉路径无非是两种。

一种是消费力适配下的产品能力升级，最典型的就是蜜雪冰城用差不多的价格对街边奶茶店的升级，周黑鸭用差不多的价格对传统卤味产品的升级，正新鸡排用差不多的价格对街边炸串的升级。这种路径下的下沉品牌输出的产品已经形成了较强的市场认知，同类产品在下沉市场的教育已经完成。

另外一种是同类产品的品牌和品质升级，这是大多数传统品牌的下沉路径。比如护肤品、电器等，这些品类在下沉市场已经广泛普及，但溢价能力更强的品牌依然可以找到消费升级的切口进入下沉市场。

而瑞幸的下沉路径跟这两种都不一样，或者说瑞幸同时在走这两种路径，但走出了一条独特的下沉市场之路。如果我们把咖啡看作"更加健康的现制饮品"，那其路径就类似第二种，对现制茶饮的品牌和品质升级，但很明显咖啡和奶茶还不是同一个门类，在茶文化深厚的中国，奶和茶的搭配比起奶和咖啡的搭配更容易让人接受。而瑞幸虽然主打平价，但站在下沉市场现制饮品的价格带来看，瑞幸的价格也并不便宜，一些特制饮品和小黑杯的价格更高，瑞幸在下沉过程中的价格跟其他下沉茶饮比是贵的。

虽然最近热闹的 9.9 元活动将会持续两年，但我认为这并不代表下沉咖啡品牌的价格带会越来越低，越拉越低的价格带对行业将是一种打击。

综合来说，瑞幸在用一个价格略高于大品类价格的细分品类切入下沉市场，提供品牌溢价和品质更高的产品，而这正是瑞幸下沉路径的独到之处——品牌价值和新品驱动。最初大家相信中国咖啡市场有很大的增长空间，但没人觉得这个增长会在下沉市场爆发。目前咖啡品牌做下沉的很多，但说句马后炮的总结，如果没有瑞幸在下沉市场的成功，可能咖啡商战还只存在于北上广深成杭等一线和新一线城市。那瑞幸的下沉策略具体是如何推进的呢？

1. 爆品、品牌双轮驱动

成功的市场开拓需要满足两个条件：形成稳定的消费群，消费群与品牌间形成黏性关系。这两者都需要品牌建设的成功和新品的不断刺激。下沉市场对咖啡的需求还在初级阶段，好喝、新奇是驱动下沉市场消费者不断购买咖啡产品的两大动因，与深陷美式咖啡的咖啡深度爱好者不同，不断创新的奶咖产品是瑞幸保持在下沉市场的创造活力的基础。这个市场就像瑞幸自己用手搅动的浪花，在未形成骇浪前瑞幸一刻都不能停歇。

在市场开拓过程中，消费者对咖啡因的依赖其实弱于对品牌和品牌创造的生活方式的依赖，消费群与品牌形成较强黏性靠不断出现的新品和爆品，用爆品创造消费者不断复购的契机，创造消费者与品牌接触的契机，但品牌建设所打造的年轻、时尚、流行的生活方式则是消费者形成依赖和跟随的基础，我认为这属于新疗愈经济的一部分。

不管是工作场景需求还是休闲时的"奶茶替代需求"，单纯靠口味是打不开稳定市场的，因为口味总会有变化，"好喝"的持续性就更弱了，虽然我认为瑞幸的上新速度可以跟得上消费者对好喝的持续需求，但一个成熟的品牌不能靠搏爆品持续下去。瑞幸正在创造一个依托咖啡的新生活方式，在这个生活方式里，咖啡扮演的角色更多是"美好"，而不是一线城市里的"快节奏助推器"。

2. 小店、联营快速拓展

当然除了爆品和品牌的双轮驱动外，在开店策略上，瑞幸也走出了一条独特的下沉之路。

面对区域广阔的下沉市场，大多数万店品牌习惯用加盟模式快速拓店，且加盟率非常高。瑞幸采用的则是直营＋联营的拓店模式，其 2023 年 2 季度财报显示，瑞幸在全国 70 多个核心城市以自营为主，其中亦有部分城市开放了联营，即加盟合作。但瑞幸是目前万店品牌中自营率最高的，10 836 门店中有 7188 家自营门店，自营率达到 66.3%。

基于此，瑞幸形成了以核心城市为区域中心店辐射低线城市的格局，这样做一方面解决了供应链分散带来的压力，另一方面也保证了对门店的管理。而且瑞幸的联营门店除了所有权归合作伙伴外，所有的管理与运营都被纳入前文所述的智能化数字化的系统，从而保证品质和标准化。

小店型不仅便于快速复制，还能在一定程度上降低供应商的进入门槛和前期投入，联营在一定程度上缓解了自营的现金流压力和拓店压力。瑞幸的拓店是模式复制、体系复制，而不是单纯的门店复制，这是完全不同的理念，因为单纯的门店复制的边际收益其实有限，而完善的体系化复制的边际收益只会越来越高。

我们向瑞幸学什么

当我们在拆解和总结大多数的企业时，我们基本都是抱着成王败寇和事后诸葛的态度，总之逻辑自洽、大众认同便可。但我相信所有的分析和总结都无法成为后人可复制的经验与方法论，我们现在分析和总结的瑞幸也不是瑞幸一开始的模样，它也并不是一开始就搭建好了模板。

　　虽然我前文所述的财务造假事件对瑞幸的基本盘未造成影响，但瑞幸如果没有经历那场劫难以及痛定思痛的彻底切割，那它需要为之付出的代价更大。

　　2022年11月，瑞幸发布了首份公司治理报告《变革与重塑·瑞幸咖啡2020～2022年公司治理报告》，该报告系统性地回顾了从财务造假事件后到2022年瑞幸有关公司治理的梳理与变革，报告以处理财务造假事件的务实与负责任的态度为开端，直面问题，随后以瑞幸的核心价值观"求真务实、品质至上、持续创新、非我莫属与互信共赢"为篇章，阐释了瑞幸在过去两年多的时间里，为推动公司重回正轨，在重塑价值体系、优化治理体系、强化内控、坚守品质、技术赋能、优化人才发展与激励机制等方面的系列举措与工作进展。

　　当我们看到瑞幸目前快速开拓的门店、持续出新的爆品、不断刷屏的联名与营销时，我们总希望去理性地分析出方法论，但瑞幸值得所有企业学习的地方不是具象的方法论，而是现代化的企业治理模式与超强的执行力，其中超强的执行力是现代化的企业治理模式所带来的优势。

　　为什么一定要在有关下沉市场的文章中强调瑞幸现代化的企业治理模式，因为在我看来，我们很多的连锁零售企业尤其是专注下沉市场的零售企业依然处在公司治理的初级阶段，即很难有体系化的明确的品牌建设路径，对开店的执念大于对体系的梳理和模式的打磨，家族化的管理模式在一定阶段可以让企业实现快速发展但很难突破桎梏。

瑞幸自财务造假事件后的一系列动作不可谓不迅速、不可谓不彻底，甚至让人看到了壮士断腕的决心，这对企业内部是一种重塑，能够一步步消除内外部对瑞幸的质疑，这也就是我所认为的现代化的企业治理模式对企业快速运转和高效执行力的影响。

瑞幸带来的思考

通过瑞幸在下沉市场的成功我们可以得出以下一些思考。

在下沉市场消费者端的思考，我们可以看到下沉市场因为区域广阔与代差巨大而变得复杂，但下沉市场的消费者又是高度统一的，这里的统一是指目标消费群画像比较集中且聚焦。瑞幸告诉了我们一个道理，就是下沉市场依然还处在对质价比敏感、对高势能品牌偏好的阶段，所以企业在下沉市场更应该提供匹配最大公约数消费能力的最优质的产品，而下沉市场对高势能品牌的偏好虽然也在悄悄发生转移，但因为很多同品类的品牌下沉没做好，所以机会相对平等，比如瑞幸和星巴克在下沉市场的品牌溢价在某种程度上是一样的，只是道路不同。

虽然我们希望高低线市场实现高度的统一，但目前来看哪怕同一个品类也会存在很大的差异。虽然奶咖是瑞幸的大战略路线，但高线市场对于美式咖啡的需求更大，对于咖啡豆的品质更敏感，而下沉市场对于产品的"口感"更看重，丝滑、甜蜜、奶感较重的产品依然受到追捧，这类产品甚至在某种程度上完成了对奶茶的替代，因为咖啡在某种程度上更健康，瑞幸也并没有像奶茶产品一样使用大量的糖，而是在口感和健康之间找到了自己的路线。所以，下沉不能简单下沉，在高线城市的成功有时候无法复制到低线城市，但这并不代表没有机会。

我依然认为单纯追逐门店数的下沉扩张已经结束，虽然瑞幸的门店拓展步伐从未停止，目前已经完成了万店布局，按照目前的拓店速度 2024 年年底可能就到 2 万家了。但在我看来，1 万家和 2 万家对瑞幸来说没有本质的区别，因为目前瑞幸打造的能力溢出是完全可以满足的。在未来的发展中，基建很重要，包括上面说的供应链、产品研发、运营等体系建设，也包括公司现代化管理、现代化体系的打造。所谓穿越周期，就像船在海上航行一样，坚固的船体就是可以扛过大风大浪。

咖啡市场正在面临新一轮的争夺，包括库迪在内的咖啡品牌陷入了新一轮的价格战，价格战就是消耗战，对行业发展没好处。但目前的咖啡市场就需要一场这样的大规模商战来"去伪存真"，这里的"真"是咖啡市场真正适配的商业模式，这里的"伪"则是希望依靠咖啡概念搏一把的资本。

作者 | 沈帅波　财经作家

金
句

- 找到最大公约数的企业都有一个共同特征：成熟现代。这也是我理解的瑞幸与这些年跑起来的新消费品牌最大的不同。

- 我认为，成熟现代是当下很多中国品牌在发展中未做到的，也是急需达成的目标。它表现为产业链的完善与现代化、产品研发的标准化、运营网络的智能化、营销效果的最大化、企业管理的规范化等。

- 万店餐饮品牌的几大必备因素，我总结为：完整完善的供应链体系、体系化研发以持续输出爆品、伴随式的品牌势能提升、互联网式数字运营。

- 瑞幸的营销，不再局限于传统意义的上市后如何传播、如何跨界合作、如何表达创意，还增加了基于业绩增长的考量，不断推动产品创新、协助体系创造价值的内核。

- 瑞幸值得所有企业学习的地方不是具象的方法论，而是现代化的企业治理模式与超强的执行力，其中超强的执行力是现代化的企业治理模式所带来的优势。

第6章

五菱：“平民经济学”炼成的国民汽车神话

"昨晚我在秋名山输给了一辆五菱宏光，司机速度很快，用惯性飘移过弯，我只看到他的车上写着修补房顶漏水的招牌，如果你见到他，麻烦你告诉他周六晚上我会在秋名山等他！"

在中国互联网上，五菱宏光这款汽车常年和赛车电影《头文字D》联系在一起，"秋名山神车"的段子被人一年又一年地讲述。你可能没开过、没坐过五菱宏光，但一定听说过这款遍布大街小巷的面包车。它已经凭借价格便宜、皮实耐用的特点，成了代表中国汽车大众文化的一个符号。这不能不引人探究，推出五菱宏光等现象级产品的五菱汽车，从广西柳州的一家国企发展至今，累计用户数突破2700万，产品甚至在海外也成为神车，它到底做对了什么？

一个流传甚广的、大而化之的表达是：人民需要什么，五菱就造什么。比如，在新冠疫情初起、防疫物资供应最紧张的时候，五菱很快就转产推出了口罩，一时赢得社会舆论的交口称赞。

具体而言，当讲究成本且务实的"平民经济学"通过产品形式呈现出来，往往就意味着差异化竞争力开始形成——在卖方市场的时代，这是一种相当稀缺的存在，所以五菱打遍天下无敌手；到了买方市场时代，以用户需求为主的用户主义更堪称生逢其时，所以五菱还是不愁卖。

事实上，在五菱汽车最初成立的 20 世纪 80 年代，五菱汽车遵循的务实主义相当流行。把这种务实应用到商业竞争层面，从产品这个小切口反映时代大背景，在商业史上，只有最聪明的人才能做到这一点。做到一次，就足以让一个企业赶上风口、名声大噪，做到两次，则足以成就一个能够入选经典商业案例的企业。五菱则是多次做到了这一点。

顺应用户需求，造就农民"致富车"

2003 年上市的五菱之光是让五菱家喻户晓的第一款"神车"。但这款车的开发，却颇为波折。

当时五菱已经和上汽、美国通用汽车实现了合资，市场主体变成了"上汽通用五菱"。但对于如何开发出一款符合国家最新碰撞法规的新车，五菱的本土设计者的想法却和来自通用的国际标准做法发生了冲突。

五菱有一个几百人的"技术中心"想承担这款车的设计。不过在合资前已经进行过尽职调查的通用方面则认为，五菱没有能力去做这款车，寻求"外脑"帮助才是王道。这些"外脑"既包括上汽和通用成立的"泛亚技术中心"，也包括来自英国的米拉汽车设计公司。在技术协调会上，五菱的设计人员和泛亚方面的技术人员就有关技术问题爆发了激烈争论。不过，最终通用和上汽均被五菱的方案说服。其中原因在于，五菱自己干，不但成本低，而且可以把研发时间压缩到18个月——泛亚技术中心和米拉汽车设计公司分别需要30个月和36个月，这很可能导致五菱无法及时向市场投放新品，从而贻误战机。

不管怎样，先干一仗——这是五菱本土技术团队的想法。他们很清楚，以后能不能获得技术和产品研发上的话语权，就取决于这款车。不过当时没有人想到，这是诞生一系列"神车"的关键，而上汽通用五菱也成为所有汽车合资公司中唯一让中方设计团队获得产品研发话语权的玩家，这在当时的合资公司中闻所未闻。

但研发过程依然不顺利。

五菱最初拿出了样车，但很快因为车的外形像"一根香肠"而被否决。于是五菱的技术人员开始"下乡"，专门寻找对标的竞品"长安之星"的用户进行用户调研，并很快就有了重大发现——长安之星的空间太小了，这跟长安之星的技术来自日本铃木有关。铃木作为日本车，在设计之初针对的是日本本土的使用环境，所以在车身和车内空间利用上都体现了一些典型的日本思维，比如车身偏小、后悬架采用螺旋弹簧再加多连杆式悬架以提升舒适性，等等。在五菱看来，这些都成了国内用户的"痛点"，因为车身偏小就无法承载太多货物，螺旋弹簧设计的确坐起来舒适一些，但侵占了车内空间，导致不得不采用两级地板，进一步导致运输大件物品不方便。

五菱的解决方案是搞钢板弹簧，这能节省车内空间，重要的是更便宜，而且当时人们的需求就是拉货，并没有太多人去关注舒适性。这又引发了一轮技术交流，最终，五菱方面拍板了——用户需求决定设计。

2002年年底，五菱之光正式推出。

不过，最初的销售情况并没有达到预期。因为车子质量不佳，出现过车辆启动时尾门突然打开的危险情况。这引发了合资公司美方高管的强烈不满，"这辆车就是一坨屎"，通用的一位高管表示。于是，五菱开始改进质量，工厂学习通用汽车的制造标准，还邀请日本专家前来进行质量培训，直到最终解决所有问题。

不到半年时间，凭借着商乘两用、空间硕大的差异化竞争力，五菱之光的销量开始爆发。当时城乡之间的交通很不方便，公交车奇缺，有人把五菱之光稍加改造，加一个顶棚就可以载人，同时还可以载货。

回顾五菱之光上市的一波三折，可以发现，五菱打破了一个藩篱。当时汽车市场属于卖方市场，绝大多数车企没有想过去调研用户的真实需求，而是一头扎进"技术引进"的逻辑中无法自拔。这与当时的技术环境造成的认知有关——日本和美国的汽车技术就是比中国的汽车技术更好，可能只有五菱想到了要根据中国用户的需求以及中国地域广大的特点改进车型、增大空间。

上市第7年，五菱之光累计销量达到216万辆，在微型车市场中获得了 43% 的市场份额。河南等省份出现了很多"五菱村",村子里汽车中五菱的保有量超过 80%。由此,五菱之光被称为农民的"致富车"。

"低成本、高价值"折服通用总裁

从五菱之光开始,五菱形成了自己独有的"造车方法论"——基于中国市场的用户痛点,去审视任何成熟市场的任何一款成熟产品。再简化一点,就是说从国外原版引进的车型和技术,不一定适合中国市场,需要进行本土化改造。

在流行"技术引进"的年代,这个方法论帮助五菱少走了很多弯路。但在当时,这种玩法在中国车企中较为罕见,因为那时普遍的观点是"外国的就是好的",而且技术输出方对本土化改造也难以接受。

比如有一段时间,五菱想引进铃木的一款车型和发动机(引进国外车型有时不包括发动机,后者需单独采购,引进发动机即表明要对发动机一并进行国产),五菱高管先后跑了 5 趟铃木公司,想搞定这个项目。不过在看了实车后,五菱高管认为铃木的那款微型车尾门开启后的门洞有点小,不太适合中国市场"多拉快跑"的特点,需要修改设计后才能引进。这刺伤了铃木公司的自尊,在铃木看来,放眼全球,没有哪个国家比日本更擅长开发微型车——日本的国情决定了日本微型车的"小、精、尖"路线:日本微型车小巧灵活、设计精细、技术尖端，而且省油耐用，因此获得了世界性的声誉。

所以，当一家来自中国南方的小车企想要通过修改设计的方式达成合作时，铃木公司感觉受到了冒犯，毫无意外地拒绝了提议。

在五菱的造车方法论中，模仿作为一种短期主义的手段，只能满足某一阶段的市场需求，很难带来持续的产品畅销，同时还容易让企业丧失自主研发能力。所以，五菱虽然没有和铃木达成合作，但也并不觉得失去了太多。五菱之光创造的辉煌，让它有足够的资源去谋划下一个爆款。

随后，五菱宏光的时代开启了。

2007年，五菱的掌门人沈阳在印度尼西亚出差时看中了一款日本丰田的7座面包车——Avanza。这款车给他留下了深刻印象，并很快对应上了中国用户的若干使用"场景"——假期家庭出游、节日聚会等，这大概是最早的"场景造车"，同样逃不开"务实主义"的方法论。

从海外买回来一台Avanza后，五菱很快就丢掉了"原样照搬"的思路，开始基于中国市场特点寻找这款车的短板。在五菱设计师的审视下，Avanza那些不适合中国用户的缺点暴露无遗：车身尺寸偏小；虽然是7座，但"2+3+2"的座椅布局，造成第二排相对拥挤，而且乘客进入第三排时的体验也很差，必须低头哈腰地挤过去；地板居然有三级不同的高度，没有做到纯平；等等。

　　掌握了 Avanza 的"软肋"，五菱的设计目标也就清晰了——大空间，以及足够好的乘坐体验。之后所有的设计、创新都围绕这两个核心目标展开。

　　例如，Avanza 的"2+3+2"的座椅布局被改成了"2+2+3"，第三排乘客进入更方便，第二排乘客的体验也大幅提升。

　　还有一个创新是，五菱采用了后轮驱动设计。为什么这么搞？因为五菱的设计师们考虑到了一个非常现实的问题：五菱的很多用户都住在山区，爬坡时后轮驱动能比前轮驱动提供更大的动力输出。有过在冰雪路面开车上坡经历的人都有这样的体验——前轮驱动的车子，车轮往往会打滑，但后轮驱动的车子一般不会，因为车子后部往往装载了货物，这让后轮拥有更大的摩擦力，从而带来更强的爬坡能力。不仅仅是在爬坡时，在车子涉水时，后轮驱动效率也更高，通过性更强。所以，五菱的 7 座新车采用了后轮驱动设计。能把用户主义贯彻到这种地步，在当时堪称绝无仅有。

　　再比如对车内空间的利用。此前五菱之光的成功就在于车内空间表现优秀，对于这款重磅新车，五菱同样解决了 Avanza 的缺点，通过把螺旋弹簧设置在车架两侧，实现了车内地板平整，提高了空间利用率，同时大幅提升了乘坐体验。

　　让人惊讶的是，孕育中的五菱宏光还实现了质量突破。当时，中国很多车企还在依靠"敲敲打打"的方式造车。比如车门异响总是解决不了，问题就在于各个零部件环节的公差过大，到了最后的装配环节便放大了缺陷。五菱是怎么解决这个问题的？它从通用学习当时流行的车身工程"2mm"工艺——这一工艺是通用从日本学到的，是日本汽车精益制造的象征；还与上海交通大学合作，推进车身技术问题攻关，第一次解决了这一困扰中国车企多年的难题。值得一提的是，在这种产学研结合的模式中，主导者依然是五菱。

此外，在经历了五菱之光的历练之后，五菱培养了一个庞大且高效的供应链，能够在研发层面形成协同，从而大幅降低成本。在"平台化"还没流行的时代，五菱宏光就开始通过和五菱之光共用一个研发、制造、供应链体系的形式，实现了开发成本的大幅下降。在推进精益制造的过程中，整个供应链也获得了升级，反过来又推动了五菱作为集成商的成本的降低。

由此，五菱的用户主义和精益生产技术结合，共同构筑了五菱宏光"低成本、高价值"的竞争优势，一代"神车"五菱宏光就此诞生。这甚至惊动了通用汽车总裁瓦格纳，他亲自前往柳州，学习五菱版的低成本精益制造。

对五菱来说，五菱宏光的意义在于这是第一次实现从商乘兼顾但实际上以拉货为主的产品策略，向商乘两用而且是以乘坐体验为优先要务的转变。这跟当时的消费升级有关——人们对汽车的需求已经逐渐脱离了"工具车"功能第一的需求范畴，开始追求乘坐舒适性。

不过，当这款备受期待的新车亮相后，还是出现了问题。"这不像一款商务车"，五菱的经销商们认为它依然像是一款面包车，而且车身有些细节比例不协调。按照原定计划，五菱宏光 2010 年在北京车展亮相后就要上市，但来自经销商的反馈，推动着五菱继续去改进这款车。最终，工程师们又发现了几百个跟"乘用车"没有强相关的细节，并一一做了改进。五菱的想法是，这款车必须具备"乘用化"的产品气质，唯有如此，才能与市场需求保持同步，甚至稍稍领先。

2010 年 9 月，五菱宏光正式推出，2011 年卖出了超过 22 万台。

对标丰田 Avanza，最终超越 Avanza，可以说，五菱宏光的成功，最大的原因就是从用户视角出发去理解每一个功能，并打磨产品在爬坡、涉水场景以及乘坐舒适性等所有细节方面的体验。这相当于把用户的一个个使用场景进行类似电影镜头般的逐帧"切片"处理，通过这些切片去识别用户需求。

这种模式造出来的车，没有理由不成功。

"场景"造车，演绎产品主义

对标国外的成功产品是中国汽车产业无法绕开的一步。从五菱之光到五菱宏光，对标都起到了关键作用，但这不是一个想要有更大的作为的车企应有的常态。尤其是在电动汽车时代，五菱又该拿出什么样的产品策略，来对接用户的新需求？

答案是五菱宏光 MINI EV。

2020 年下半年，中国汽车行业突然传出爆炸性消息——上汽通用五菱的电动汽车五菱宏光 MINI EV 上市第二个月销量就超过了特斯拉 Model 3，成为中国最为畅销的电动汽车。在很短的时间内，长得有点像"老头乐"的五菱宏光 MINI EV 就成了"街车"。这款车甚至改变了五菱一贯的"廉价"形象——很多白领购买这台车，是将其视为一个电动玩具，也有不少人买这款车作为"买菜车"。在推出后的两年内，五菱宏光 MINI EV 就卖出了超过 100 万辆。这是五菱的又一个爆款神话，同样完全符合其务实主义的造车逻辑。

有人说，五菱宏光 MINI EV 还是靠低价吸引用户关注的。从价格上来看，这种说法应该没有问题，因为五菱宏光 MINI EV 刚开始时最低 2.88 万元的售价直接击穿了不少人对于一辆汽车价格下限的认知。但问题在于，中国为数众多的车企中，为什么是五菱推出了这款车，并用它打败了特斯拉 Model 3？最大的原因还是五菱找到了用户主义的秘密，其他车企则没有。

其实，在五菱宏光 MINI EV 推出之前，以下几个现象已经存在。

第一，中国的新能源汽车开始崛起，不过以蔚来、理想、小鹏为代表的"造车新势力"都定位于中高端市场。

在某种程度上这是可以理解的，因为在燃油车时代，中国车企由于在发动机、变速器等机械领域创新不足，无法支撑品牌向上，一直扮演的是追赶者的角色。新能源汽车时代则不同，由于中国车企和外国车企处于同一起跑线,甚至还略有领先,打造高端品牌就有了更多的可能性。而且从品牌角度看,高端品牌推出中低端产品相对容易,把低端品牌向上拔高则难如登天。普遍的观点认为,低端市场没钱赚、没搞头,这造成了一个事实上的市场空白——没有人关注低端电动汽车市场。

第二,低端市场存在着巨量需求,只不过是以不规范的形式存在。比如老年代步车,至少从五六年前开始,人们随便走入任何一个小区,都能发现"老头乐"。这种没有经过任何正规的质量检测、不具备上路资格的车子为何广受欢迎?因为它就像"共享单车",解决了"最后1公里"的短距离出行难题,而且停车方便、用车省钱。

需求侧的需求很明确,供给侧却拿不出解决方案。在中国领跑全球新能源这个宏大叙事框架中,谁能够拨开迷雾,从一个微小切口开始,挖掘出一个细分蓝海市场,谁就能有所作为。从经验的角度看,这事只能由五菱来干。

所以,五菱宏光 MINI EV 来了。这款车的应用场景非常清楚,对接的就是日常通勤里程在 35 公里左右的用户——除了在北上广深等一线城市外,很少有人往返的通勤距离超过 100 公里。它是以汽车工业的标准制造出的与"老头乐"价格相当的纯正电动汽车,造型还更加时尚耐看,足以成为所有"老头乐"的替代品,同时能够为那些需要"老头乐"但不愿意购买"老头乐"的用户提供汽车级的出行解决方案。另外,电动汽车的充电费用往往仅为燃油汽车加油费用的 1/5，甚至更低。

潜在的市场需求，瞬间被这款车点燃。

它甚至解决了五菱长期面临的"用户老龄化"问题——最早使用五菱的那批用户年龄变老，如何让年轻人喜欢并接受五菱？五菱宏光 MINI EV 从场景和可玩性这两个角度给出了答案，它成了中国版的"Smart"（奔驰的个性小车品牌），但价格只有 Smart 的 1/10，甚至更低。一款原本被认为是"老头乐"替身的电动汽车由此开始进入年轻人的市场，并很快在网上爆火，最终成为网红"神车"。

在五菱宏光 MINI EV 这款车上，五菱展现了关于一款产品的"取舍之道"——作为一款电动汽车，它不需要无止境地攻克续航焦虑的难题，只需在特定场景满足用户的续航要求即可，这就极大地降低了成本。另外，成功的产品定义也让其激发出了潜在的市场需求。

务实主义又一次获得胜利。

结硬寨，打呆仗

回溯五菱的发展史，不难发现这个牌子总是遵循产品主义的原因。

第一，所有堪称伟大的产品，实际上都是时代召唤的回响。 五菱的产品坚持回应了这种召唤，其他车企没有，或者仅仅做到了一两次，而不是持续做到这一点。

作为最早把用户主义和场景造车理念贯穿到产品设计中的玩家，五菱能够回应一些深层次的话题，例如：汽车从生产资料到出行伙伴的转变，背后反映了哪些与中国经济腾飞有关的因素？读懂了中国经济的发展，五菱就能从更高维度发现用户需求的拐点，从而通过创新产品来应对市场变化。

第二，五菱极致务实主义的本质，是基于产品打造了一个零部件供应链，甚至可以说，五菱建成了一个面包车生态。 这种生态也许没有苹果公司的 iOS 系统生态那么高级，却在几十年中练成了一个特殊能力——以规模效应实现极低成本，从产品层面支撑五菱的极致低价策略。

这一点让日本业内人士都大为惊叹。2022 年年初，日本名古屋大学的山本真义教授带领的团队对一台来自中国的五菱宏光 MINI EV 进行了拆解分析，认为"五菱模式有可能改变纯电动汽车开发的常识"，按其说法，这款车的成本合计 48 万日元（约合人民币 2.69 万元），日本车企无法实现这种极限成本。

具体来说，除了部分芯片外，这款车的主要零部件都由中国本土企业生产，采用的是标准产品而非专门重新开发的产品，这就降低了开发费用。另外，这款车取消了多数电动汽车的一些基本配置，例如能量回收装置（可提升续航里程），电机也并未配置常见的水冷装置，而是采用了风冷设计——靠空气冷却，这些都让五菱宏光 MINI EV 降低成本的效果明显。五菱为什么这么做？原因其实就是这款车所定位的用户场景并不需要更长的续航里程。

五菱甚至要把这种供应链优势延伸到软件领域。2023 年 9 月，五菱与大疆合作（大疆具备低成本智能驾驶技术），努力让"人民的智能驾驶"达成"全民可享"。众所周知，智能驾驶的痛点就是过于昂贵，例如特斯拉的智能驾驶系统定价达 1.5 万美元，如果五菱搞定了智能驾驶平民化，相当于又解决了一个行业痛点。更重要的是，如果五菱的创新路径从之前的供应链硬件协同进化到包括智能驾驶系统在内的软件创新，通过软件服务获取利润，则意味着其发展逻辑又一次实现跃升。

第三，聚焦战略在任何时代都不过时。五菱作为"面包车之王"，在相当长一段时间内聚焦于面包车，几乎没有发生资源分散的状况。当面包车市场空间逐渐变小后，五菱才开始向乘用车转型，中间还推出了五菱宏光这种大获成功的过渡车型——"乘商并举"，以"乘"为主。这让五菱的发展战略步步为营、稳如磐石，有点像曾国藩的"结硬寨，打呆仗"。

五菱此前几个对手的发展情况，能够佐证聚焦战略的重要性。比如长安、哈飞、昌河，这三家都是五菱的老对手，除了长安转型乘用车获得成功之外，哈飞和昌河都在做面包车的同时做了轿车，想要多元化发展。但在中国人的观念中，面包车始终是面包车，轿车才是真正的汽车，甚至连富康那种两厢车都不能算是"轿车"——

这样的认知藩篱，能打破就会迎来蝶变，不能打破就会被困住。最后，哈飞和昌河都消失了，轿车市场没做成功，面包车市场也未能保住。只有五菱依然屹立，成了中国汽车崛起的见证者。

总之，务实主义作为一种方法论，使得五菱总能在正确的时间、正确的市场，以正确的做法推出正确的汽车，得到正确的结果。这超越了运气，穿越了时代，最终内化成为"人民需要什么，五菱就造什么"的十二字增长方法论。

作者 | 潘磊

金
句

● 基于中国市场的用户痛点，去审视任何成熟市场的任何一款成熟产品。

● 模仿作为一种短期主义的手段，只能满足某一阶段的市场需求，很难带来持续的产品畅销，同时还容易让企业丧失自主研发能力。

● 把用户的一个个使用场景进行类似电影镜头般的逐帧"切片"处理，通过这些切片去识别用户需求。

● 所有堪称伟大的产品，实际上都是时代召唤的回响。

● 聚焦战略在任何时代都不过时。

第 7 章

鱼你在一起：中餐品牌走向万店的底层逻辑

2020 年年初到 2023 年，鱼你在一起门店数量逆势翻番，从约 1000 家做到了超过 2000 家。2023 年 12 月 26 日，鱼你在一起门店数量突破 2200 家，2023 年平均每天有约 2 家门店开业。截至 2023 年年底，典型市场如上海，鱼你在一起门店数量从 12 家攀升至超过 120 家，杭州市场门店从 14 家攀升至超过 70 家，华东市场总店数突破 700 家。

这究竟是一家怎样的连锁餐饮品牌？

"当你发现了一道菜，创造了一个新的商业模式，细分出一个市场赛道，这个事情就成功了。"鱼你在一起创始人、董事长魏彤蓉这样说道。

鱼你在一起是一家以经营酸菜鱼快餐为主的连锁企业，总部位于北京。2017 年，鱼你在一起在北京亦庄开设了第一家门店，成功开创了酸菜鱼快餐新赛道，并迅速风靡全国，一路领跑酸菜鱼快餐行业。2023 年 9 月，鱼你在一起全球在营门店数量超过 2000 家，覆盖全球 360 座城市，连续三年荣膺"中国餐饮百强企业"称号，也被沙利文公司认证为"全球酸菜鱼快餐企业门店数量第一"。

这背后又是一个怎样的人在操盘呢？

在创立鱼你在一起之前，魏彤蓉曾多次创业，也都小有成就。小时候家庭条件不好，因为想要一辆自行车未果，正在读初二的她便辍学外出打工，进入杂技团开始走南闯北。18 岁时，她创立了属于自己的杂技团，在新疆赚到了人生的第一桶金，开始在家乡小有名气。

一心想要见更大的世面，取得更大的成就的魏彤蓉，只身来到了北京。随后的几年间，她开过美容院，也做过建材生意。2004年，她创立了火锅鸡品牌——魏老香，开始了她的餐饮事业，高峰时期也开到了三四百家门店。

创业成功绝非一朝一夕之事，尤其是在多变的餐饮行业。西贝创始人贾国龙曾历经咖啡馆与小吃店的起伏，西贝品牌最初的雏形实际上是一家名为"西贝酒吧"的餐厅。蜜雪冰城创始人张红超曾经尝试过鹌鹑养殖业，蜜雪冰城最初并非茶饮店，而是一家餐馆，卖过汉堡、薯条，也卖过扬州炒饭。

他们的成功并非偶然，而是在无数次试错中，逐步锻造出了对行业趋势的敏锐洞察力和不屈不挠的创业精神。当贾国龙 1999 年在北京推出首家西贝莜面村时，他不仅仅是开了一家餐厅，更是在新时代的潮流中抓住了一个独特的餐饮机遇。同样，当张红超 2007年将蜜雪冰城转型为连锁茶饮品牌时，他所做的不只是一次简单的品牌转型，而是一次对消费市场脉络的精准预判。魏彤蓉 2017 年将魏老香转型为"鱼你在一起"，也正是顺应了这样的逻辑。

正如这些餐饮人所展现的，成功的商业模式往往源于对行业深刻的洞察和对时代变革的敏锐捕捉。

餐饮的连锁浪潮

在过去的 10 年（2013 ～ 2022 年），中国的餐饮行业发生了显著的增长和变革。这一时期内，行业收入从 2.53 万亿元飙升至 4.39 万亿元，凸显出中国庞大消费市场的潜力与活力。更值得关注的是，餐饮连锁化率快速提升：从 2013 年的 9% 跃升至 2022 年的 19%。特别是自 2018 年起，连锁化率的增长更加显著，短短 4 年便从 12% 急升至 19%，显示出行业快速向连锁化模式转型的趋势。这一趋势不仅揭示了市场结构的重大调整，也预示了连锁品牌的增长潜力。2017 年创立的鱼你在一起，也是踏准了中国餐饮的连锁化浪潮。

中国连锁化率快速提升的背后是供需两端的变化。

从供给端看，供应链的升级、移动支付的普及和外卖平台的渗透等技术因素为连锁化率的提升奠定了基础条件。

供应链的升级体现在餐饮企业开始自建中央厨房，让门店端操作更加简便，更加标准，利于门店标准化复制；同时，我国庞大的物流体系以及冷链运输的普及，使得餐饮品牌公司可以规模集采和统一配送，加强了餐饮品牌对于门店端食材的管控。

移动支付的普及让餐饮行业从现金交易转为移动支付，解决了餐饮行业的收入真实性这一最大痛点，让资本市场可以信任餐饮企业的报表。同时，也避免了餐饮行业收银员与后厨勾结偷拿柜台钱的顾虑，让餐饮企业的老板放心把门店交给店长，转而去开更多的店铺。

外卖平台的渗透减少了在家做饭的频次，推动餐饮行业规模进一步扩大；更为重要的是，面对线上门店，消费者更愿意相信、选择连锁品牌，加大了大型连锁品牌的头部效应。

从需求端看，过往十年，中国消费者处于第三消费时代，其特征是消费者更加追求个性化、品牌化、多元化。因此，餐饮连锁品牌变得更加被需要。过去是解决温饱，现在是走向小康；过去是吃个"将就"，现在是吃得"讲究"。

同时，餐饮人的追求也发生了变化，2016年是中国餐饮行业在资本市场的重大转折点。在此之前，餐饮企业在资本市场上的价值并不明显。从2012年起，餐饮行业在资本市场经历了一段相对沉寂的时期，其间几乎没有新的餐饮企业上市。此前，上市企业多为历史悠久的国有或老字号餐饮企业。因此在2016年之前，餐饮从业者主要关注通过经营餐厅获取声誉和现金流，整个行业倡导的是如"寿司之神"小野二郎那般专注于一事的匠人精神，以精雕细琢地打造产品、塑造品牌口碑为主要目标。

然而，自2016年起，一系列的上市事件彻底改变了行业格局。周黑鸭于2016年在港股上市，绝味食品于2017年在A股上市，紧接着2018年海底捞也在港股上市。这些上市事件不仅提升了整个行业的资本市场知名度，也将百亿甚至千亿市值的概念引入了餐饮行业。海底捞的成功进一步激发了餐饮行业从业者的热情，彻底颠覆了他们对行业的传统看法。餐饮企业不再仅仅是精心经营几家店的生意，而是有潜力发展成为涵盖数千家店铺、达到百亿乃至千亿市值的大型企业。这一变化促使餐饮从业者将扩大规模作为其主要的发展目标。

同样，魏彤蓉放弃火锅鸡品牌转向酸菜鱼品类的原因，也是在于在魏老香的后期运营中，一心想要做大规模的魏彤蓉深感大店模式的魏老香投资较大，发展速度也在一定程度上受到限制，想要突破千店规模难度较大。而酸菜鱼却不同，"选择将酸菜鱼革新成快餐，就是想让更多人吃到它，因为只有大众的，才是伟大的；只有民生的，才是长久的。"

餐饮行业从先做强后做大逐步转变为先做大再做强，追求门店规模扩大的背后是资本预期。资本看重的是企业的成长性。对餐饮企业而言，成长主要来自单店营收的提升和门店数量的增长。相对而言，门店数量的增长是一个天花板更高、资本更看重的要素。

也基于此，餐饮品牌都在向着万店冲击，打破餐饮行业只有4个"万店品牌"的格局。随着瑞幸成为第5个万店品牌，鱼你在一起立下了"成为全球中式快餐万店榜首"的目标。

正餐单品快餐化：始于此

酸菜鱼原本是重庆江湖菜里的一道传统菜品，在大众餐桌上占据一席之地，短短几年，这个品类从正餐里独立出来成为单品品类，并诞生出上市企业九毛九，成就了太二酸菜鱼这一正餐单品。2017～2018 年是酸菜鱼赛道的巅峰时期，2018 年酸菜鱼门店数量达到 2.73 万家，这是一个潜在的千亿规模细分赛道。

2016 年，魏彤蓉在街头看到满街的杨铭宇黄焖鸡后，受到了启发。她被黄焖鸡米饭店的经营模式所吸引，其轻便快捷，具备达成万店品牌的基因。黄焖鸡的主食材是供应链更为成熟的鸡肉，这也是黄焖鸡米饭店成功的主要因素。从健康和消费升级的趋势看，魏彤蓉认为鱼肉蛋白必然是未来更多人的理性选择，特别是年轻爱美的女生。同时，鱼肉供应链也相对成熟。在经过反复思考和市场考察调研后，魏彤蓉最终锁定了酸菜鱼这道国民菜。

在 2016 年年底，魏彤蓉对正餐酸菜鱼的产品和模型进行了创新。她将多种口味的酸菜鱼单品作为主打，并选用了少骨、少刺、淡水养殖且供应稳定的巴沙鱼为主要食材。此外，她还将大份酸菜鱼改为小份，以实现快餐化。这一举措解决了原本酸菜鱼大菜的普遍问题，如刺多、价格高和出餐速度慢等，使酸菜鱼成功进入了快餐市场。为什么说少刺很重要？少刺的巴沙鱼让酸菜鱼成为一道可以快速吃完的快餐，更重要的是，酸菜鱼从更多面向成年人延伸到了小朋友，家长可以放心地带着小朋友来门店消费，从而使鱼你在一起具备了适合家庭聚餐的属性。

相比正餐酸菜鱼，快餐酸菜鱼具备哪些优势？鱼你在一起创造的快餐酸菜鱼在产品模型和门店模型上都带来了颠覆性的改变。

从产品模型上看，吃到高品质酸菜鱼的消费门槛降低了，原来在大酒楼要吃到类似酸菜鱼这样的大菜动辄上百元，而在鱼你在一起30多元钱就可以吃到。从130元到30元，让更多的消费者可以吃得起，并且可以更高频次地消费。

从门店模型上看，原来川菜品牌的一家门店初始投资可能要500万元，一座500万人的城市最多只能开10家店，而作为快餐酸菜鱼品牌，鱼你在一起只需要50万元左右就能开一家全国连锁的餐饮门店，一座500万人的城市至少可以开100家店。从500万元到50万元，让品牌可以开出更多的门店，让门店离消费者更近，也让更多餐饮创业伙伴得以参与进来。

面向更广大的消费者客群，吸引范围更广的餐饮投资者，鱼你在一起优化了酸菜鱼的产品模型和门店模型，也成就了自己的竞争力。

同时，我们可以看到正餐单品快餐化不止发生在酸菜鱼这一个品类上。实际上，多个餐饮大单品正在经历类似的转变，除了上文提到的杨铭宇黄焖鸡之外，虎丫炒鸡对传统炒鸡进行了创新性的品类重塑，通过优化产品出品模式，打造出一家主打炒鸡单品的连锁餐饮品牌。老乡鸡以徽菜经典——肥西老母鸡汤为主打塑造的快餐连锁快速发展并获得了知名投资人的支持，其门店数量已突破千家。和合谷将宫保鸡丁这一复杂的传统菜品转换为快餐形式，并以高性价比赢得了市场的广泛认可，宫保鸡丁饭每日销售量超过1万碗。在湘菜领域，费大厨辣椒炒肉和炊烟小炒黄牛肉两个品牌分别选择了辣椒炒肉和小炒黄牛肉这两个高知名度的单品作为其主打菜品，并采用更标准化的产品出品和更轻的门店模型成功扩展至湖南省外。

正餐单品的快餐化不仅是一种创新手段，更是一种可复用、可持续发展的商业能力。酸菜鱼可以理解为鱼你在一起成功开展正餐单品快餐化的第一款爆品，可以预见的是，未来会出现更多类似的创新产品，第二款、第三款正餐单品快餐化的爆品将陆续涌现，进一步延长品牌的生命周期，并通过提供新奇体验来吸引消费者，提高复购率。这种餐饮模式的成功，不仅仅在于它快餐化的特性，更在于它提供了与正餐相仿的用餐体验。这包括就餐的舒适度、食材健康性的可视化展示以及明厨亮灶的现场煮鱼体验。这些因素共同作用，使中式快餐逐渐向简餐和小正餐的模式靠拢，满足了消费者对品质和体验的双重追求。

下沉市场的机遇：壮大于此

说起下沉市场，就不得不提起拼多多，2018年拼多多成功赴美上市，"下沉市场""小镇青年"等热词被大家所熟知。

所谓下沉市场，一般指三线及以下城市和农村地区的市场。我国有约10亿人生活在三四五线城市及农村地区，市场潜力巨大。随着国家乡村振兴政策的推动，不少餐饮品牌都在考虑布局下沉市场。

根据《中国餐饮大数据 2021》，2020 年位于一线城市的餐饮品牌纷纷加速向下沉市场扩张。中国拥有 4 万个镇，如果其中一半的镇能够新设立 1 家餐厅，那将有 2 万家新店涌现，同理，如果 2800 个县（市、区）每个都能够新开设 3 家餐厅，那意味着新店数量可达 8000 多家。

下沉市场具有以下两个显著特征：第一，市场规模庞大，增长潜力巨大；第二，高质量的供应仍然不足，未能满足居民不断增长的需求。这是一个足够大的市场，足以让中国市场诞生多家万店品牌。万店品牌无一不是率先深入下沉市场的极具包容性的品牌。

对于万店未来，魏彤蓉表示："大众化、平民化业态才能规模化发展，鱼你在一起能上得了一线商场，也能下得去乡镇街边，我坚信未来万店可期。"

鱼你在一起 2021 年在品质快餐连锁品牌中率先进行了市场下沉和组织下沉。

2021 年，鱼你在一起率先在上海成立了华东分公司，并由公司常务副总裁刘陆军亲自挂帅。华东分公司的成立，让该区域的门店数量飞速增加，目前华东地区已成为鱼你在一起门店数最多的区域。随着华东分公司的成功，鱼你在一起相继成立了华北、华中、华西、华南、东北等六大战区，在北京、南京、杭州、合肥成立了四个省级分公司，陪伴公司成长的业务能手相继被派往分公司担任一把手，前往一线开疆拓土。

同时，伴随分公司的成立，总部各部门相继下沉，招商、开发、营运三大业务部门率先开始属地化办公，让业务更加贴近市场，让决策更加高效。目前，总部的人力资源、培训也在逐步下沉中。

鱼你在一起的 2000 多家门店中，有超过 50% 的门店在下沉市场，比如陕西是鱼你在一起的门店数排名前三的省份，门店数量超 250 家，河南的门店数量也超 250 家。在陕西和河南，鱼你在一起的门店数比肯德基的门店数都要多。虽然这两个省不是鱼你在一起单店营收最高的省份，但它们的门店总利润却位列全国最前列。

下沉市场的餐饮消费场景揭示了这一现象背后的原因。下沉市场的消费者多为从一线和二线城市返回的年轻人，他们在追求更高生活质量的同时，展现出了与大城市人群截然不同的消费特征。前者通常享有更多的闲暇时间，偏好家庭聚餐而非快速食品。与此同时，这些消费者显示出"新理性"消费趋势，他们在消费决策上更加谨慎，注重性价比，同时不忽视产品的设计和外观。

为什么鱼你在一起在下沉市场备受欢迎？ 这和它创立之初的基因有关，鱼你在一起早期多开在一线城市的购物中心，这就要求品牌形象足够有档次，否则难以和周边的餐饮品牌展开竞争。从创立地北京和购物中心走向下沉市场，是降维打击，也是对下沉市场消费者在高品质餐饮服务需求上的响应。

根据摩根士丹利的研究，到 2030 年，中国小城市的消费预计将增长 3 倍，这一增长得益于政府政策的支持、人口增长、家庭收入提升和消费意愿的提高。下沉市场的家庭更倾向于自由支出，因为其住房成本相对较低。这种增长潜力为餐饮等以消费者为中心的行业提供了巨大的发展空间。综合来看，中国下沉市场的餐饮消费场景体现了该市场的独特性和巨大潜力。这些市场不仅需要餐饮从业者提供高性价比的产品，还要求他们深刻理解当地消费者的特殊需求和审美偏好，从而推动整个餐饮行业向更加细分化和高质量的方向发展。

起于快餐，不止于快餐

日本经济学家大前研一在《M 型社会》中预见了中产阶层的消亡，而中国目前的情况似乎与之相呼应。根据《中国中等收入人群到底有多少？》的报告，占人口 29.4% 的中等收入群体对全国消费的贡献达到 46.5%。但近年来，中国中产阶层的财富动态和消费行为正在经历一场深刻而复杂的转型，这不仅反映了经济结构的演进，也预示着消费市场的新趋势。招商银行 2022 年的财报揭示了一个关键信号：标志性的中产群体——金葵花卡客户的人均净资产首次出现下降，从 2021 年的人均 153.31 万元下降到了人均 151.41 万元，降幅足有 1.9 万元，与此同时，普通客户和私人银行客户的人均资产均在提升。这不是一个数字游戏，而是中产阶层经济状态微妙变化的体现，暗示着消费力可能的转移和重组。

进一步的分析表明，这种财富的缩减并非孤立现象，而是对中国社会和经济背景变化的一个宏观反映。这种趋势与日本社会学家三浦展的"四个消费时代理论"相呼应，标志着中国市场开始从以物质消费为主的"第三消费时代"过渡到更加注重性价比和服务质量的"第四消费时代"。这一时代的消费者不再愿意为品牌溢价买单，而是寻求更为精简、共享和体验式的消费方式，将消费焦点从物质转向服务和人性化体验。

这场中产阶层消费行为的转型，对市场营销策略和品牌定位提出了新的挑战。品牌不能再仅依赖传统的高价值定位来吸引消费者，而必须重新思考如何在保持品质的同时提供更高的性价比。

在餐饮行业中，鱼你在一起的品牌形象和产品定位，正好承接了中产阶层的消费降级。

在一人食快餐场景中，鱼你在一起以 30 元的客单价为核心，成功吸引了原本在一二线城市中人均消费 50 元以上的中产白领，为他们提供了更具性价比的工作餐选择。这一战略不仅满足了基础的快餐需求，更是精准地把握了消费者对经济型餐饮的追求。

同时，鱼你在一起的快速扩张并不局限于快餐市场，2 ~ 3 人性价比轻聚餐场景的崛起也是其得以扩张的重要原因。一个人吃饭是刚需，可以叫外卖解决，而朋友聚餐则是改善生活，除了有性价比还得有点品质。在当前的社会背景下，三口小家、三两好友的轻聚餐成了日常生活中的一种慰藉和乐趣，类似于"口红经济"。对中高收入的白领而言，他们可能会考虑把其中一部分原本每周一次人均七八十元的三两好友小聚逐渐调整为人均四五十元的消费。鱼你在一起多种口味主菜、小吃和饮品的组合，再加上接近正餐水准的装修环境，成了他们的备选之一。对中低收入人群而言，他们对在家吃和一人食的便餐会更加看重性价比，而对亲子、情侣、朋友间的轻聚餐场景，则会在考虑性价比的同时讲究品质和体验，而人均消费四五十元实现一次口味过瘾、体验不错的小聚是他们可以欣然接受的。

　　鱼你在一起的差异化方式就如同田忌赛马。大餐饮品牌就如同上等马，环境好但人均消费高，普通快餐就如同下等马，价格便宜但就餐体验差。鱼你在一起这匹中等马就用其性价比的优势去抢占大餐饮品牌的市场份额，用其高品质的产品和就餐体验去抢占普通快餐的市场份额。同时，鱼你在一起的门店模型也在做差异化，即所谓的"大城小店、小城大店"。大城市中的小店更多体现的是鱼你在一起的快餐属性，突出了步行可达、便捷高效的特点，因此门店面积通常会小于 $80m^2$；小城市中的大店更多体现的是鱼你在一起的聚餐属性，相应的门店面积会放宽至 $120m^2$。

　　中产阶层消费降级和轻聚餐的崛起，都有利于人均消费 50 元以下的餐饮品牌，其中部分具有适合轻聚餐属性的品牌满足了高中低收入各类人群对性价比的追求。一店多场景，让高品质的快餐品牌尝到了场景变化的红利。类似的品牌如米村拌饭、谷田稻香，皆在满足白领快餐场景需求的同时满足着更广泛消费者的小聚场景需求。

当下与未来

每周一晨会，鱼你在一起全体员工会以一句"抱团打天下，携手赢未来"作为结束语。其背后体现的是鱼你在一起的用人理念："给想干的人机会，给能干的人位置，给干得好的人股份。"

在创始人魏彤蓉强大的号召力与感染力下，鱼你在一起铸就了一个敢打敢拼的中高层团队。目前在核心高管团队中，老人与新人大约 1：1，人才比例相对良性。

对于公司的老人，魏彤蓉选择让他们去一线"打仗"，因为她相信这是团队战斗力和凝聚力的体现。对于这些跟了她 10 年、15 年的公司老人，她愿意把自己的后背交给他们，让他们独立去一线开展业务，她相信他们已经学到了自己的本领，可以撑起一片天。

对于公司的新人，魏彤蓉更多选择让他们留在总部，亲自去带，去学习鱼你在一起的工作方式，去适应鱼你在一起的企业文化。同时，对于招揽人才，魏彤蓉从不吝啬，对于有能力的人才她愿意付出更高的成本，因为她相信高薪必然会有更好的回报。

同时，鱼你在一起也乐于与咨询公司合作，团结专业的力量让自己快速成长。

疫情这三年，在业绩快速提升的同时，鱼你在一起也相继实施了多个大的项目，其背后是与多个咨询机构的通力合作。

在疫情最为严重的 2022 年，鱼你在一起联合万店盈利智库举办了"高管万元店 PK 赛"，拿出 100 万元奖金奖励带领门店实现业绩提升的高管，门店业绩的增长让广大加盟商看到了希望，看到了公司让加盟商更赚钱的真心，更重要的是鱼你在一起提炼出门店营收提升宝典并编撰成书，书名为《鱼你说》。

同样是在 2022 年，鱼你在一起与营销咨询公司华与华合作，对公司整体 VI 系统进行了升级，并在 2023 年 4 月 15 日举办了"鱼你在一起超级符号发布会"。带着新的品牌 Logo 的新门头让鱼你在一起成了街上"最靓的仔"，增加了品牌曝光；新 IP 亲亲鱼也深受年轻人和小朋友喜爱，让鱼你在一起更加亲民、更有互动性。

早在 2021 年，鱼你在一起便和数字化咨询公司 AMT 合作，对公司的数字化系统进行了顶层设计，随后进行了鱼店宝、鱼收银、鱼司令等信息系统的开发，逐步提升公司的标准化和信息化运营水平，全面赋能一线和总部管理。

同期，鱼你在一起也和其他咨询公司开展合作，赋能各部门工作，形成了"内部员工＋外部智库"的赋能式发展模式。

产品有锅气、团队有士气、老板很大气，可以总结为鱼你在一起的三大成功要素。

在魏彤蓉看来，肯德基目前在国内已经有超过 1 万家门店，相比而言，鱼你在一起的市场容量会是它的 2 ～ 3 倍，"因为我们的门店密度可以更高一些"。魏彤蓉希望，在已经开启的餐饮行业新黄金十年里，鱼你在一起能够把握机会，实现千城万店的目标，并且走出国门，店开天下，成为全球中式快餐万店榜首。

结语

餐饮万店时代已进入下半场鏖战。

近几年来，蜜雪冰城、华莱士、绝味鸭脖和正新鸡排门店数相继突破 10 000 家，中国餐饮行业正式进入万店时代。随着茶饮品牌连锁化率的快速提升，诸如古茗、书亦烧仙草、沪上阿姨等都有可能在近一两年成为下一家万店品牌。奔万店似乎成了餐饮品牌鲤鱼跃龙门的标志之一，很多餐饮品牌都在规划着自己的万店梦。中式快餐品牌不如茶饮品牌连锁化率高，但也出现了诸如鱼你在一起、老乡鸡等多家千店品牌，部分千店品牌已行驶在发展的快车道之上。

事实上，餐饮品牌的竞争，已经从门店数量的角逐转移到门店质量与数量的全面竞争。成为百店、千店品牌，在产品模型、门店模型上具备长板即可，但想成为万店品牌，必须没有短板，在产品模型、门店模型、多店管理、供应链建设、组织人才管理与数字决策上，都需要有强有力的设计和精细化运营。如果想百尺竿头更进一步，则必须在产品、门店、开店、供应链、总部这五个方面都保持决策质量，形成持续的竞争力。

中国餐饮行业已进入万店时代的下半场，留给小规模品牌发展的空间将越来越少，未来将逐步进入寡头垄断的餐饮时代，在各餐饮细分领域呈现出一超多强的竞争格局。

通过鱼你在一起快速发展的经验可以看出，餐饮品牌的发展需要抓住三个重点：选品如选命，定价定生死，团队看上限。抓住这三个重点的餐饮品牌才有成为万店龙头的潜力。

首先，选品如选命，选品是餐饮企业最重要的选择。选品第一是选品类和赛道，第二是选爆品，第三是选产品组合。品类和赛道决定池塘大小，大水才能出大鱼；爆品决定复购多少，有记忆点的才是好产品；产品组合决定场景广度。

其次，定价定生死，定价是餐饮企业第二重要的选择。产品价格决定了消费人群的广度，也决定了品牌的供应链模式和核心能力。服务富人、服务中产阶层、服务大众人群的品牌，产品模型、门店模型和发展路径都不一样。

最后，团队看上限，好的品类还需要适配的团队。万店品牌的经营者，第一要有长远的志向和广阔的胸怀，不拘泥于个人偏好，不局限于一时得失；第二要有卓绝的见识，以人为镜，洞悉规律，抓住时机，做对选择；第三要有小处着手的恒心，在顾客满意、标准输出、效率提升等方面不断精进，用时间打造护城河，用日复一日的努力打动消费者。

简而言之，在餐饮行业日益激烈的竞争中，企业要想实现万店规模并获得百亿乃至千亿的市值，需要具备几个关键因素。首先，产品选择必须自带流量，引起广大消费者的注意和兴趣。其次，定价策略需要走群众路线，以合理的价格吸引并保持广泛的顾客基础。最后，团队的年轻化、学习能力强和战斗力高是实现快速发展的重要驱动力。茶饮品牌如蜜雪冰城和瑞幸证明了这种策略的成功，这些"饮"类品牌通过快速拓店和强大的品牌力量，实现了迅猛成长，并成为行业的领军企业。同样的逻辑也逐渐在"餐"类品牌的发展中显现，未来千店品牌之间的竞争将迅速加剧，市场格局也将重新调整。

国内鏖战的同时，出海也是餐饮行业的大话题。

近几年，中国餐饮品牌纷纷走出国门。目前，鱼你在一起已在纽约、旧金山、温哥华、迪拜、吉隆坡等城市开设了品牌门店。假如你去参观鱼你在一起的总部，你会发现，会议室的名称都是以海外国家或者城市命名的，诸如新加坡、温哥华、纽约等。由此可见鱼你在一起对海外市场的兴趣以及占领海外市场的巨大决心。

回望 20 世纪 90 年代初，麦当劳和肯德基从美国走向中国，开启了全球化的餐饮传播的新篇章。如今，中国餐饮品牌正沿着相似的轨迹，以不同的策略和定位，在全球舞台上崭露头角。这些品牌经过国内市场的严苛考验，锤炼出了独特的产品优势和强大的市场适应能力，现在又瞄准了全球华人市场乃至更广泛的国际消费群体。

中国的经济崛起不仅是一个有关产业和技术的故事，更是文化和价值观的传播。在这一进程中，中国丰富多彩、历史悠久的美食文化无疑是中华文化输出的一大亮点。就像鱼你在一起的企业使命——"成就更多奋斗者，让世界爱上中华美食"一样，中国餐饮必将像"中国制造"一样，遍布世界各个角落，让世界爱上中华美食。

作者 | 张卓昱　鱼你在一起 CFO

金
句

- 餐饮企业不再仅仅是精心经营几家店的生意，而是有潜力发展成为涵盖数千家店铺、达到百亿乃至千亿市值的大型企业。这一变化促使餐饮从业者将扩大规模作为其主要的发展目标。

- 下沉市场具有以下两个显著特征：第一，市场规模庞大，增长潜力巨大；第二，高质量的供应仍然不足，未能满足居民不断增长的需求。这是一个足够大的市场，足以让中国市场诞生多家万店品牌。万店品牌无一不是率先深入下沉市场的极具包容性的品牌。

- 这场中产阶层消费行为的转型，对市场营销策略和品牌定位提出了新的挑战。品牌不能再仅依赖传统的高价值定位来吸引消费者，而必须重新思考如何在保持品质的同时提供更高的性价比。

- 餐饮品牌的竞争，已经从门店数量的角逐转移到门店质量与数量的全面竞争。成为百店、千店品牌，在产品模型、门店模型上具备长板即可，但想成为万店品牌，必须没有短板，在产品模型、门店模型、多店管理、供应链建设、组织人才管理与数字决策上，都需要有强有力的设计和精细化运营。

- 通过鱼你在一起快速发展的经验可以看出，餐饮品牌的发展需要抓住三个重点：选品如选命，定价定生死，团队看上限。抓住这三个重点的餐饮品牌才有成为万店龙头的潜力。

第 8 章

日本"宜家"似鸟的逆势增长之道[⊖]

2021 年年初,全球经济还笼罩在疫情下时,日本经济界却传来好消息:日经指数时隔 30 多年终于重新回到了 3 万点。很多人认为,这是日本经济走出衰退的征兆。为此,《日本经济新闻》做了个回顾日本股市 30 年的专题,并对股票涨跌幅进行了排名。结果发现,涨幅最高的股票是似鸟控股,其股价在 1990 年 8 月 2 日到 2021 年 2 月 15 日期间涨幅达 57 倍。

似鸟还是日本年轻人向往的公司。2023 年 4 月,《日本经济新闻》和求职信息网站 Mynavi 联合开展期望就职企业的调查,结果显示,在 2024 年 3 月毕业的大学生和研究生中,文科生首选的就职单位是似鸟。似鸟是如何做到的呢?

似鸟究竟是一家什么样的公司

提到似鸟,很多人都会说它是日本的"宜家"。它是一家销售家具家居用品的大型连锁企业,由似鸟昭雄于 1967 年在日本北海道的札幌市创立,该公司创立之初只是一家小型的家具店,经过 57

⊖ 本文写作参考了《日本经济新闻》《没有一种运气是偶然》(似鸟昭雄自传),部分数据信息来自似鸟年报及官网。

年的发展，目前已成为日本最大的家具家居连锁店，在日本市场，就连世界家具零售巨头宜家也很难与其抗衡。

2023 年年底，似鸟在全球的店铺数已经增加到 979 家（其中海外店铺 170 家，153 家在中国），比 2021 年年底增加了 293 家，并开始在东南亚开店。2022 年销售额高达 8115 亿日元，折合人民币 400 多亿元；经常利益为 1410 亿日元，约合人民币 70 亿元，经常利益率高达 17.3%。

即使在疫情期间，日本频繁宣布进入紧急事态、各国封闭国门导致供应链中断等一系列让零售行业头疼的挑战，也没有让似鸟停下扩张的脚步。

就在 2020 年年末，似鸟完成了对日本第七大家居零售企业岛忠（Shimachu）的收购，一举在东京、埼玉、神奈川等地新增了 60 家门店；2021 年年初时似鸟只有 607 家店铺，到年底变成了 686 家，净增了 79 家门店。公司 2021 年的业绩也继续保持增长，销售额达到 7169 亿日元，比上年增长 11.6%；净利润为 1384 亿日元，同比增长 26%。

但这种增长并非一蹴而就的。据公司创始人似鸟昭雄透露，他从第 1 家门店开始起步，用了 29 年才做到 30 家门店；但在随后的 7 年门店数就达到了 100 家（也就是说，从第 1 家到第 100 家用了 36 年时间）。之后，似鸟每新开 100 家店铺的时间缩短到 6 年、3 年、2 年。近几年，似鸟每年的开店数量均在 100 家以上。

　　不管是顺境还是逆境，似鸟就像一台稳定的业绩增长机，年复一年地刷新财报上的纪录。截止到 2022 年，似鸟的收入和利润已经实现了连续 33 年的增长，是日本乃至全世界增收增益连续期数最高的上市公司。此前上市公司财报增收增益连续期数的世界纪录保持者是美国的沃尔玛，1981 ～ 2013 年，沃尔玛实现了连续 32 年的收入和利润双增长，但似鸟打破了这个纪录，成为全球收入和利润增长最持久的上市企业。不同的是，沃尔玛面对的这 32 年，美国的人均 GDP 从 13 976 美元上涨到 53 291 美元，上涨了 2.8 倍；而似鸟面对的这 33 年，日本的人均 GDP 仅从 25 266 美元上涨至 34 017 美元，只增加了 34.6%。

　　业绩的持续增长带动了似鸟股票价格的上涨，2023 年公司总市值约 2 万亿日元（市盈率 23 倍），在日本所有上市公司中排第 90 多位。似鸟的市值一度是东芝、三菱重工的市值之和，这两家企业可是日本经济巅峰期受万人敬仰的标杆企业，而似鸟刚上市时只有十几家店铺，不起眼到常被人误读为"小鸡"公司（因为日语中鸡的发音和似鸟很像）。也许是命中注定，这个名字包含着飞翔的寓意，这只不起眼的"小鸡"后来真的越飞越高，变成了一只金凤凰。

　　当然，事业的成功也给似鸟昭雄个人带来了巨大的财富，在2023 年最新颁布的福布斯日本富豪榜上，他以 40 亿美元的身家排名第 8。

日本下行经济中的财富密码

说起日本经济，人们常说"失去的三十年"，这是指 20 世纪 90 年代初至 21 世纪 20 年代初，日本的经济增长相对停滞，GDP 年均增速常在 1% 以下，这与之前几十年的高速增长形成了鲜明对比。与此同时，许多企业和金融机构破产，各类不良债务一度占国民生产总值的 20%。长期通货紧缩持续侵蚀着物价水平，企业和个人陷入了谨慎的支出和投资模式。

伴随经济增长停滞的是资产泡沫破灭、股市楼市崩盘。以日经 225 指数为例，从 1989 年 12 月 29 日的 38 957 点开始崩盘，之后经过连年下跌，到 2003 年 4 月只剩 7800 多点，13 年跌掉了 31 000 点；直到 2012 年年底才回到 1 万点。日本的房价也随之暴跌，以日本全国基准地价为例，1991 年平均每坪的单价为 194.4 万日元，到了 2005 年价格为 46.3 万日元，仅为巅峰时期的 24%。

在经济下行压力下，日本普通家庭的收入也在下降。据日本国税厅公布的《令和 2 年民间工资实态统计调查结果》报告，2020 年的就业人员平均年收入比 2019 年减少了 3 万日元，仅为 433 万日元，折合人民币 24 万元左右。而在 1992 年的经济鼎盛时期，日本普通公司雇员的年收入高达 600 万日元，折合当时的人民币约 50 万元。

连续多年的资产价格下跌、工资缩水，让日本人重新感受到了

"贫穷"的滋味，民众开始节衣缩食，减少消费。举个例子，据统计，2000 ~ 2012 年，日本 2 人以上家庭年均消费支出下降 10%，其中用于服装、鞋帽的支出下降了 30%。最近十来年，日本经济依然没有彻底好转，据世界银行统计，2022 年日本人均 GDP 仅34 017 美元，不到 1995 年水平的八成（1995 年日本人均 GDP 高达 44 198 美元）。

整个平成年代（1989 ~ 2019 年），日本金融界一直忙于泡沫经济破灭的善后处理和应对通货紧缩的严峻挑战，因此许多人断言"日本市场不可投资"。但宏观经济的衰退，并不能掩盖微观经济中的亮点，在日本经济下行的 30 年，虽然有很多公司由盛转衰甚至破产，但也有一批公司逆势而上，从不为人知的小公司变成家喻户晓的大公司。

中国有句古话："由俭入奢易，由奢入俭难。"这似乎也适用于经历了经济高速成长期之后，又经历经济衰退期的日本人。在 20世纪 80 年代到 90 年代初，日本经济取得了全球瞩目的成就，资产价格也节节攀升，由此给日本老百姓带来了巨大的财富效应，当时日本有个说法叫"一亿中流"，即绝大部分日本人都跻身中产阶层。

当年的日本消费者一度是全世界奢侈品的最大主顾，在纽约、巴黎和伦敦的奢侈品店门口排长队的大部分是日本面孔，LV 等高级手袋成了日本普通工薪阶层的标配。但当财富泡沫破灭后，这些用惯了高级货但又"返贫"的日本人，已经没办法重新拿起低价低质的"地摊货"了。

虽然大环境艰难，但只要企业能顺应"人们口袋变瘪"的趋势，为人们提供经济实惠的商品和服务，让人们支付相对便宜的价格就能买到那些和富裕时期使用体验差不多的商品，就能实现"经济向下、业绩向上"的成果。优衣库、无印良品、吉野家等一大批以平价商品和服务著称的企业，就是在这个时代背景下崛起的，似鸟也是这类企业的代表之一。

似鸟的创始人似鸟昭雄有一句口头禅："又便宜又好的东西永远有人要！"这几乎成了他的信仰，也是似鸟成功的基本原则之一。似鸟的商品有多便宜呢？我的一位朋友几年前在天津买了一套两居室，全部家具和家居用品都从似鸟天津店铺购买，包括真皮沙发、餐桌椅、床上用品等，全部算下来也就花了2万元左右，这位朋友对似鸟产品的性价比相当满意。

尽管似鸟的商品价格低廉，但它深知，挑剔的日本顾客并不会因为便宜而放弃对品质的要求。为此，似鸟在品质上下了很大的功夫。日本经济产业省（其职能相当于中国商务部与工业和信息化部的结合体）每年都会对日本企业进行品质评选，并颁布奖项。似鸟就曾连续两年获得"经济产业大臣表彰金奖"，这足以向日本的消费者证明，似鸟的商品虽然便宜，但可以安心购买和使用。

很多企业家认为低价和品质不可兼得，想要质量就要舍得成本，想要低价就要放弃质量。但似鸟的理念是"品质越好，成本才能越低"。据一位在似鸟品质业务改革室工作的资深人士透露："一件商品的生产成本之所以降不下来，是因为在生产工序中有很多浪费和不良品的存在，只有提升整个生产环节的品质甚至公司全员的工作品质，才能真正实现低成本。所以，似鸟奉行的原则是品质永远向上，价格永远向下。"

日本房地产、家具家居行业长期萧条的大背景下，日本很多知名的家具企业都逐渐衰落，但似鸟靠不断追求极致的性价比，赢得了消费者的信赖，成了为数不多的行业赢家。

似鸟如何做到又便宜又好

在一次采访似鸟昭雄的电视节目中，主持人问道："通常，消费者会认为'低价等于不保质'，可似鸟的家具不仅价格便宜，而且一直保持格调优雅、品质上乘。这一点我想只从厂商进货销售的原有商业模式是绝对不可能实现的，您在这方面下了什么功夫？"

似鸟昭雄的回答是，这要归功于公司自营全产业链的商业模式。从产品开发到生产物流，再到销售服务，似鸟都是自己干。这与其他同行找贸易公司合作有很大的不同。

自营全产业链模式也叫 SPA（Specialty retailer of Private label Apparel）模式，即自有品牌专业零售商经营模式，最早在 1986 年由美国服装业巨头 GAP 公司在其公司年度报告中首次提出，是一种从商品策划、制造到零售全链条垂直整合的新型销售形式，运用这种模式的公司通常是零售商，它们以满足消费者需求为首要目标，通过革新供货方法和供应链流程实现对市场的快速反应。

似鸟学习 SPA 模式并在此基础上继续发展，其自营全产业链模式不仅包括产品开发、生产制造、品质管理、物流、零售及售后服务，甚至连原材料采购、广告制作和 IT 系统都全部由自己来完成，因此，似鸟自称是"生产物流 IT 销售业"。

这意味着似鸟掌握了从产品概念和设计开始，一直到最终销售和售后服务的整个价值链。这种垂直整合的商业模式使得公司能够实现高度的自主控制，从而去掉一切不必要的中间环节，把效率提升到极致，把成本也压缩到极致，并确保了产品质量的一致性。下面我们来详细了解这一模式的特点和优势。

公司最核心的部门就是商品部，这个部门承担了产品开发和设计的重任，由几百位经验丰富的设计师和买手组成，致力于开发吸引消费者的产品——不仅有沙发、床等各类家具，还包括床上用品、窗帘、厨房用具等各种家居用品。

早期，很多商品都是靠买手团队在各大展会中选品选出来的，或从供应商提供的商品中挑选出来的。但近些年似鸟致力于自主开发和创新，确保其产品在设计、功能和综合搭配的色彩风格上都更具吸引力，以满足用户需求。似鸟昭雄对产品也非常重视，很多产品的开发过程他都亲自参与，似鸟的床垫、凉被等近些年的热销商品就是似鸟昭雄亲自主抓的爆款。

似鸟垂直整合了生产制造和品质管理过程。尽管似鸟在越南、泰国等地拥有自己的工厂，但其绝大部分商品还是由东亚和东南亚各国的供应商生产制造。为了让供应商和自己工厂的生产品质保持一致，似鸟早在2005年就设立了专门的品质改进项目小组。似鸟昭雄"三顾茅庐"请来了刚从本田汽车退休的品质专家杉山清，并支持他主导设立品质业务改革室，帮助公司建立全球化的品质体系。

以前似鸟的品质管理主要靠"检品"，这种方式比较被动，而且成本高、效率低，不能从根源上解决品质和成本问题。杉山清接手品质工作之后，帮助公司一步步建立了更为主动的品质管理体系，他从本田汽车等日本制造业标杆企业引进了一批生产制造专家，并派遣他们前往供应商的生产现场进行品质督查和指导，手把手地帮助供应商改善品质，降低成本。

为了鼓励供应商的中基层员工参与品质改善，似鸟每年都会召开"品质世界大会"，邀请不同国家的供应商参加，在大会上，各家供应商的改善小组需要提交品质改善活动的案例和成果，其中的佼佼者会获得奖励。这一系列积极主动的品质管理工作，使似鸟得以更好地控制产品的质量、生产周期和成本，确保不断提升产品"又便宜又好"的标准。

似鸟的物流模式也是商业模式中的关键部分。公司在靠近商品产地的地区设立物流中心（如在广东惠州、江苏太仓都有大型的物流中心），并自行完成进出口和报关手续。有些货物在海外物流中心完成搭配后，可以直接装入集装箱运送至似鸟在日本的订货店铺，从而节省了在日本分拣和重新配送的成本。另外，在日本市场，似鸟为客户提供免费的送货上门和组装服务。日本购买家居用品的消费者很多都是家庭主妇，为了方便这一客户群体，似鸟还专门配备了女性司机和送货安装人员，为主妇们提供更安心的上门服务。

店铺是连锁业的主战场，似鸟的零售店网络覆盖了日本市场和国际市场。出于降低成本和方便停车的考虑，似鸟早期的店铺通常在城郊，但近些年，似鸟增加了不少都市门店，这些门店通常位于离车站不远的繁华商业地段，让日本的上班族可以更方便地购买。

作为日本连锁业的佼佼者，似鸟始终把美国连锁业作为自己的学习标杆，似鸟昭雄每年都会派好几批员工去美国考察，有些是新入社员，有些是通过考核选拔的员工，还有一些是供应商的人。这些人会带着各自的课题，在似鸟内部专家的组织和带领下，从东京飞到洛杉矶，开展为期一周左右的考察，学习沃尔玛等美国经典连锁企业的服务模式和工作方法。这种考察活动不与美国企业官方直接接触，而是以顾客身份前往考察，学习一些美国连锁业好的做法并带回到似鸟应用。

这种学习方式是受日本飞马咨询公司创始人渥美俊一的影响。渥美俊一曾是日本《读卖新闻》的记者，1962 年创立了连锁店管理研究小组飞马俱乐部并担任主席，作为日本现代化流通理论的领导者，他提出"要发起一场流通业革命，让经济民主主义在日本生根"。

渥美俊一指导了许多连锁业的企业家，大荣公司的中内功、伊藤洋华堂的伊藤雅俊、吉之岛公司的冈田卓也都曾是他的学生。但似鸟昭雄无疑是渥美俊一最忠实的粉丝，对他提出的连锁业理论勤而行之、深信不疑。甚至在渥美俊一老师去世多年以后，似鸟还继续与飞马咨询公司保持合作，并买下渥美俊一的故居将其改造成了渥美俊一纪念馆。

在似鸟的商业模式中，售后服务同样不可忽视。似鸟致力于为消费者提供优质的售后服务，包括维修、退换货政策和客户支持。似鸟内部还专门设立了"品质110热线"，视客户投诉如警情。

似鸟昭雄认为，客户对1件产品不满的投诉背后，隐藏了对29件产品忍气吞声的使用和对300件产品不再购买的决定。绝大部分客户在不满意的时候通常选择不向公司投诉，而那些愿意投诉的客户，其实是在给予公司改进的机会，帮助公司发现自身的不足和存在的问题，所以要加倍珍惜。截至2020年，似鸟的客户满意度达到90%，这一数字显示了似鸟在售后服务方面的卓越表现。

似鸟是卖家具起家的，但家具属于耐用消费品，用户的购买频率很低，为了提高用户来店频率，似鸟昭雄大力发展非家具类的家居产品系列，并且把"非家具类销售占比"作为一项重要的经营指标。似鸟的都市店之所以能够成功，很大程度上有赖于丰富而有魅力的家居系列商品。最近，似鸟还针对家庭主妇这一主要的客户群体推出了一个服装品牌"N+"，在似鸟大型店铺中以"店中店"的形式经营。

似鸟昭雄执着于对性价比和用户购买频率的追求，他每年都会给公司提出几个口号，类似于公司年度经营方针的提炼。其中第一句口号永远不变——"逆算愿景，推进改善改革"。公司 2023 年的另外两句口号分别是"追求价优，增加购买客数"和"加强综合搭配提案，增加购买件数"。由此可见，用优质低价的商品吸引顾客频繁来店购买，是似鸟的战略重点。

似鸟昭雄的"浪漫"领导力

从似鸟目前的发展势头和品牌影响力看，自营全产业链模式给似鸟带来了巨大的成功。那么，似鸟昭雄是如何发现这种商业模式的呢？这要从他早期的创业故事说起。

似鸟昭雄作为一个白手起家的创业者，能取得这样的成功非常不容易，很多人都说他运气好，他自己也并不否认，但对"运气"他有不一样的理解。几年前，似鸟昭雄出版了一本自传叫《没有一种运气是偶然》，他在书中写道："似鸟能发展到现在这样的规模，80% 靠的是运气。但运气并非来自偶然。'所谓运气，是由过去的人际关系、失败与挫折、冒着巨大风险挑战事业等深刻、漫长而严酷的经历所酝酿而成的。'"

似鸟昭雄 1944 年出生于库页岛的一个日本垦荒农民家庭,二战结束后,他随家人回迁至北海道的札幌市。由于家境贫寒,人也不怎么聪慧,似鸟昭雄自小学习不行,初中和高中成绩在班上垫底。大学毕业后,他找了一份广告推销员的工作,因半年没出业绩,很快被公司开除。

到了 1967 年,23 岁的似鸟昭雄在母亲的支持下开了间小型家具店。但曾被销售工作挫败的似鸟昭雄,每次和客户打交道都会身体僵硬、汗水直冒、心跳加速,生意一直没有起色。他母亲实在看不下去,就张罗着给他找一个能干的老婆,帮他一起打理家具店的生意。

经过八次相亲,在父母的施压之下,似鸟昭雄和比他小 4 岁的代代木小姐结婚了,没想到还真娶回来一位贤内助。婚后,似鸟昭雄负责配送和进货,代代木则负责在店铺里卖货,因为她待人接物和蔼可亲,能干又有气魄,短短两年后,他们的生意额就翻了几番。

随着生意的发展势头越来越好,似鸟昭雄就想着开一家新店,于是他从银行获得融资,在更好的地段开了一家比原来大 2 倍的家具店。刚开始,他的生意好得出奇,但不久就有人在他的店铺附近开了一家比他的店铺大 5 倍的家具卖场,这让似鸟昭雄店铺的业绩直线下降,甚至连资金周转都成了问题。看到自己辛苦打拼下来的事业面临破产,似鸟昭雄连想死的心都有了。

愁眉不展之际，有人邀请他参加一个美国的商业考察团，他就像抓住了一棵救命稻草似的，想方设法地筹集了40万日元的考察费用参加了这次考察，没想到这趟发生在1972年的美国之行，彻底改变了似鸟昭雄的认知及命运。

在美国考察期间，似鸟昭雄参观了很多家具卖场和连锁店，他发现美国的家具品质和性能优良、用途周全，而且综合搭配的款式和设计都很好，但价格只有日本的1/3，这一切都让他无比震惊。相比之下，日本的家具零售店因为只能从商社进货，所以不仅价格昂贵，而且款式简陋，毫无吸引力可言。

这次考察使似鸟昭雄认识到，美国人的生活之所以富裕，不仅是因为他们的收入高，还因为美国的商品丰富且便宜。而日本的家具既不便宜也不美观实用，而且因为缺乏综合搭配的设计，人们购买起来不方便。所以，日本人就算有钱也只能处于一种"贫穷"的状态，在选购家具时显得尤其贫穷。

于是，他当时就发誓要解决日本人购买家具时的"贫穷"问题，他认为自己没有能力将日本人的收入提高3倍，但可以让日本人买家具的价格降到原来的1/3，这样，日本人也能和美国人一样富足地生活。（多年以后，日本兴起了一种理念叫"经济民主主义"，就是通过生产和销售又便宜又好的产品，让低收入人群也可以享受和富裕阶层所享受的一样品质的商品。）似鸟昭雄不仅想卖家具，还想帮助日本人实现买家具时与美国消费者的平权。

　　这个想法如同电流击中了似鸟昭雄，让他有种恍然大悟、如梦初醒的感觉，他急迫地想回去干这件事，并在回程的飞机上写下了自己的计划。

　　当时他已近 30 岁，他假设自己能活到 90 岁，这样就可以用 60 年的时候追上美国的水平，而这 60 年又可以分为两个 30 年，第一个 30 年可以分成三个阶段：10 年育店，10 年育人，10 年育商品。

　　似鸟昭雄很快提出似鸟的第一个 30 年计划，即 1973 ～ 2002 年，在日本开到 100 家店铺，做到 1000 亿日元的年销售额。实际完成时间只比计划晚了一年，2003 年，似鸟真的实现了 100 家店铺、1000 亿日元的年销售额目标。

　　似鸟昭雄之所以对店铺规模和销售目标有如此执念，是因为他觉得，只有店铺足够多才能让更多的人分享到他的梦想，而且他始终相信"又便宜又好的东西永远有人要"，日本很多地方的老百姓都盼望似鸟可以早点把店铺开到当地。

　　很多企业有自己的"使命"，使命的英文是 mission，最直白的翻译就是"任务"，这个任务就是企业存在的目的，是企业要为这个世界解决的问题。似鸟昭雄很幸运，他在快 30 岁的时候找到了自己一生的任务，这个任务也成为似鸟这家公司百折不挠、苦苦追寻的梦想。

　　似鸟用于表达使命的词是"ロマン"，读音近似"罗曼"，就是"罗曼蒂克"（romantic）的那个"罗曼"，意为"浪漫"。似鸟的"罗曼"是这样写的：将缤纷的家居环境呈现给世界上的每一个人。用"罗曼"表达"使命"，感觉就像在和使命谈一场恋爱。其实，真正的使命不正是会让人一辈子心心念念、如醉如痴吗？

其实，似鸟的这个"罗曼"已经是迭代过的 2.0 版，它最初的"罗曼"是"为日本人提供比肩欧美的丰富家居生活"，这也是似鸟昭雄在第一个 30 年追求的梦想，当初步实现这个梦想之后，似鸟昭雄希望把这种"罗曼"从日本延伸到全世界。

似鸟的第二个 30 年计划是 2003 ～ 2032 年，在全世界开 3000 家店铺，实现 3 万亿日元的年销售额。而根据公司在 2020 年做的五年战略规划，到 2025 年公司将拥有 1400 家店铺，年来店客户数超过 2 亿人次。还有两年时间，似鸟需要每年新增 200 多家店铺并保持盈利状态，这个中期目标对似鸟来说是不小的挑战。

当然，似鸟的"罗曼"除了富有诗意的幻想，还有一套严谨的落地机制。公司以 30 年为一个周期，制定"罗曼"并根据它确定 30 年目标，再依次倒推出中长期事业计划、组织计划和人才培养计划，这些计划经过层层分解，最后落实到每一个部门、每一位员工，并精确到年、月和每周。甚至连似鸟的供应商和合作伙伴都受到影响，也会根据似鸟的经营方针制订自己的计划。

也许有人认为，现在的市场变化太快了，别说 30 年，就算以 3 年为周期定战略和目标都不切合实际，但似鸟昭雄对自己的 30 年计划是认真的，几十年来，他凭借自己对"罗曼"的执着，带领似鸟从巨大的逆境中一步步走出了一条确定性的道路。今天,似鸟昭雄正坚定地朝着自己第二个30年的目标迈进。

这是很典型的日本企业家经营风格,他们不会奢求短时间做大做强,而是愿意制定非常长远的目标,然后不断分解,把宏大的愿景变成一个个容易实现的小目标,似鸟把这种方法称为"逆算愿景"。就是从30年后要实现的愿景目标倒推,把未来30年每一年的目标、每个阶段要做的事情都想清楚,从而形成一条从现在走向未来的清晰路径。只要路径清晰,剩下的就是坚定执行。这有点像日本剑道强调的"不动心",一旦认准目标,就不再受外界干扰,而是进入一种内心宁静的状态,全力以赴地实现心中的目标。

当然,实现使命和愿景的过程绝对不是一帆风顺的,中间会有各种各样的挑战,尤其是这几年以来,新冠疫情、俄乌战争、日元贬值、油价上升、全球贸易摩擦和供应链脱钩,对像似鸟这样依赖东亚和东南亚供应链的企业来说,挑战非常严峻。

但似鸟昭雄是一个喜欢把"逆境"当作"机遇"的人,据在似鸟工作多年的人士介绍,公司每隔几年就会出现重大危机,但似鸟昭雄在危机面前表现出的不是焦虑和恐惧,而是一种鲨鱼嗅到血腥般的兴奋,他在公司内部的干部会议上总说:"危机对我们来说就是机遇,是我们提升自己、超越对手的机遇。"

似鸟昭雄有一套自己的逻辑,他认为危机、挑战和使命是结合在一起的。真正的使命一定充满挑战，迎接挑战的过程就是实现使命的过程，只有拒绝现状，不断创新，人们才能接近自己的使命。而接受现状、故步自封的人，只能原地打转，不可能接近自己的使命和梦想。

为此，他提出 4C 原则——Change、Challenge、Competition、Communication，即改变、挑战、竞争、沟通。似鸟昭雄认为，毛毛虫破茧成蝶，人和企业同样也需要蜕变，所以每年都需要有改变的目标和计划，去挑战那些看上去不可能完成的任务；在企业竞争中不存在双赢，要拿出背水一战的心态，不赢则输；而组织的竞争力来自协作力，所以沟通非常重要，上下级之间、部门之间、与外部合作伙伴之间，都需要保持频繁的沟通。

可以说，梦想的力量是似鸟成功的第一驱动力，似鸟昭雄经常挂在嘴边的一句话是："有些东西你得不到，是因为你不够想，只要你足够想，就一定能得到。"正是因为有了"梦想"这个原点，资源才会聚拢、事情才会发生。

带给企业家的启示

似鸟的案例说明一个道理——没有不好的行业，只有不好的企业。真正的好企业，不管行业如何变化，都能创造出属于自己的辉煌。但辉煌的业绩只是结果，不是目的，羡慕别人的财富毫无意义，有意义的是从别人的故事中找到启示。

　　似鸟带给企业家的第一个启示，是要敢于"发大愿，立大志"。似鸟昭雄从一个北海道农民的后代，变成日本福布斯排名第8的富豪，却并不看重追求财富，他曾说："做生意不是以利润为先的，而是为了社会，只有怀抱这一目的，才能产生强烈的动机，才能获得成功！"企业家需要有商人的一面，一个不会做生意的人做不好企业，商人的关注点是在买卖之间赚取差价，寻求利润最大化。此外，企业家要在为社会创造价值的过程中，不断自我突破和成长。

　　很多人都会在企业家和商人的角色中左右摇摆，或者顾此失彼。美国企业家埃隆·马斯克创立太空探索公司 SpaceX 时，很多亲人和朋友都劝他放弃这个念头，因为风险太大且根本赚不到钱。但埃隆·马斯克的做法是先确立宏大的愿景，再考虑在实现愿景的路径中如何实现盈利的问题，事实证明这种方式非常有效。

　　同样，似鸟昭雄能打造一家市值 2 万亿日元的公司，除了与商人的精明和勤奋有关，也与他为了实现"罗曼"梦想而愿意打破一切常规的勇气有很大关系。回顾似鸟的成功，其真正的转折点就是似鸟昭雄在美国考察后回日本的飞机上发大愿、立大志的那一刻，他决心要用一生的时间让日本人拥有"又便宜又好、缤纷多彩的家居生活"。这个大愿并非为了成就自己、实现自我，而是主动去承担一份解决社会问题的责任。承担责任是需要勇气的，承担的责任越大，担责者就要越勇敢，这和对名利的贪婪是两码事。

　　使命与愿景密不可分。前者是企业家和企业的大任，后者是完成大任后的美好画面。真正的使命通常是开拓前人未涉足的领域，所以实施过程大多困难重重，而能激励人们克服这些困难的不是名誉与财富，而是一种浪漫主义情怀，一种对美好愿景的憧憬，被这些激励也是人类与生俱来的特质。

似鸟带给企业家的第二个启示，是似鸟昭雄让愿景落地的方法，他称之为"逆算愿景"。 这不需要复杂的技巧，只需画一张简单的表格，把未来30年每一年的目标都写下来——开多少新店，需要多少员工，要达成多少营业额，人均和店均产值是多少，都要写得清清楚楚。在这个基础上，再回答做到这些需要的资源和能力是什么，每个阶段需要做的事情又是什么。在这一点上，似鸟昭雄展现了一个商人算细账的特征，只不过这本账是对未来的详尽规划。

很多企业家并不缺乏宏大愿景，但很多构想只是停留在空想中，未来的愿景没有办法与现在的状态连接，从现在到未来也没有具体的实施路径，就算有，大多也是泛泛而谈。企业家们可以尝试抛开复杂的战略方法，认认真真地逐年倒推目标，哪怕只有5年、10年，都能让未来与现在产生实际的联结，如果你的"逆算愿景"走不通，至少说明有必要重新思考战略。

当使命和愿景都明确以后，似鸟昭雄面临的另一个具体问题是很多事情自己都"不会"。比如不会做连锁业经营，不会做品质管理，不会做物流和IT。作为一个大学都没认真读的小商人，他当然不懂得如何经营一家市值上万亿日元的公司。但似鸟昭雄愿意承认自己不会，并且很愿意找会的人来教自己、帮自己。比如渥美俊一、杉山清等专家，都是帮似鸟昭雄提升认知、解决问题，实现从"不会"到"会"的高人和贵人。

似鸟带给企业家的第三个启示，是愿意承认自己不会，并积极主动地寻求帮助，通过自己和企业的认真学习，苦练内功，把那些原本不会但在实现愿景道路上又必须掌握的知识，内化成企业的核心能力。

企业处在小规模的时候，成功主要靠老板，但如果企业在规模变大以后，还是靠老板或核心团队中的一些牛人，发展就不可持续。真正支撑上规模的企业可持续发展的，是与战略需求匹配的核心能力，可以理解成企业的"内功"。企业的内功就像一栋大楼的钢筋骨架，从外面看不出来，有它也不会让大楼变得更漂亮，但没它大楼很难盖得高，硬要盖高楼，就一定会坍塌。

似鸟在发展过程中，内功练得非常扎实。之前提到过，似鸟昭雄的第一个30年计划只是开到100家店铺，而且分为三个阶段——第一个10年（1973～1982年）育店，第二个10年（1983～1992年）育人，第三个10年（1993～2002年）育商品。这种不为外界诱惑所动，一门心思练自己功夫的态度值得学习。如果没有前30年的苦练内功，似鸟也不可能取得后30年的高速发展。

中国有句老话叫"天生我材必有用"，上天赋予了一个人才华就一定会任用他。世上真正的天才少有，大多数平凡的人是找到了自己的天命之后，才被赋予才华和运气的。似鸟昭雄就是这样的例子，当他承担的大任"封印"被打开之时，命运的齿轮才开始转动，他成就这份事业需要的能力、贵人和运气都逐渐聚集起来。所以，每一位想有一番成就的企业家都应该问自己一个问题——在未来30年，消费者需要我做什么？

作者 | 吴强　私人董事会教练

金
句

- 似鸟的创始人似鸟昭雄有一句口头禅："又便宜又好的东西永远有人要！"这几乎成了他的信仰，也是似鸟成功的基本原则之一。

- 似鸟昭雄有一套自己的逻辑，他认为危机、挑战和使命是结合在一起的。真正的使命一定充满挑战，迎接挑战的过程就是实现使命的过程，只有拒绝现状，不断创新，人们才能接近自己的使命。

- 似鸟昭雄经常挂在嘴边的一句话是："有些东西你得不到，是因为你不够想，只要你足够想，就一定能得到。"正是因为有了"梦想"这个原点，资源才会聚拢、事情才会发生。

- 没有不好的行业，只有不好的企业。真正的好企业，不管行业如何变化，都能创造出属于自己的辉煌。

- 真正支撑上规模的企业可持续发展的，是与战略需求匹配的核心能力，可以理解成企业的"内功"。

　　我们正处于世界百年未有之大变局当中。"危中有机，唯创新者胜。"

　　中国经济正从规模增长转向高质量增长；企业也正处在分化与进化的时期，从机会成长转向能力成长，这要求企业家思维从"市场逻辑"跃升到"创新逻辑"。

　　"向新走"这一部分从多个维度解析创新的动力与方法，挑选了3家历史超过20年的创新老将，还有1家年轻的新面孔。

　　其中，广联达、京东方这些行业第一名共同面临的窘境是：如何突破行业天花板？未来的动力在哪里？前者深耕建筑行业，让预算员扔掉计算器，寻找第二增长曲线，成为数字化转型的翘楚；后者则以屏为创新舞台，从物联网转型到"屏之物联"，开创新增长模式。科沃斯集团的新生儿添可，开创"洗地机"新品类，在红海中开辟出蓝海新天地。豪迈，这个乡镇企业从几近破产到成为全球隐形冠军，人人创新的理念成为其闪亮的名片。

德鲁克说，创新是企业家的特有工具。企业家任何有关创新的理念和行为，实际上都是铺石以开大道，筚路以启山林。

今天的创新，变得越来越唯快不破。这种快是对更多可能性的探索、对更多想法的尊重。颠覆式、革命性的变化固然耀眼，但每一个新想法也值得被鼓励，它们就像一粒粒种子，长在合适的机制土壤中就有机会开花结果。"人人皆可创新"应该成为更多企业的内部共识。

在企业变大、变强的道路上，创新永无止境。

第 9 章

变中求生：广联达的数字化转型之路

"大兴土木"的建筑工程一直都是"老大难"级别的存在。

古有秦始皇修筑长城，创造了人类建筑史奇迹，背后是百万位劳动者的心血。现代社会虽不用人工搬运巨石，但负责物料输送的塔式吊车管理仍然是个复杂工程：塔式吊车不仅租用的台数及时间会影响项目成本，它本身更是施工安全事故的高发设备。这还仅仅是冰山一角，时至今日，建筑行业仍然是个令人头疼的"复杂工程"。

广联达，A 股上市公司，在中国建筑信息化、数字化领域占据领军地位，自 2010 年上市以来一直保持着良性循环、稳健增长的态势。投身复杂的建筑行业，广联达是靠什么获得持续增长，成长为一家全球头部企业的？

不久前，一手创立广联达的创始人刁志中将一把手的位置传给了职业经理人袁正刚。相比老一代管理者的"沉稳"，董事长、总裁袁正刚认为自己的管理风格更为"积极"。从两位一把手的口中，或许可以找到上述问题的答案。

破解"第一名难题"

2010 年，广联达以"建筑行业数字化第一家上市公司"的身份在深圳证券交易所成功上市。2015 年前后的广联达，遇到了所有第一名们才会懂的问题：接下来的动力在哪里？

当时，从成本管理入手，瞄准业内预算岗的痛点，以自研的工程造价软件出道的广联达，登上中国建筑信息化"C 位"已经很久了。

与不少企业一样，广联达也是随着改革开放发展起来的。市场化改革前，工程项目都由上级指派，直到 20 世纪 80 年代初，建筑行业的市场化改革引入了"招投标"制度，其中大量建筑项目需要手工做预算。发现这个痛点后，刁志中提出"让预算员甩掉计算器"的使命，并用新技术开发出了更高效的预算软件，"打一个不恰当的比喻，就相当于工程界的财务软件"。用这个工程造价软件，过去 10 000m² 需要 7 个人耗时 3 个月才能完成的工程预算，现在 3 个人 7 天即可完成，效率大大提高了。

发展到 2015 年，"预算员离开这个软件，用手工已经不会干活了"。建筑行业的造价行业协会的调研显示，预算软件已经百分百实现了电算化，这代表刁志中"让预算员甩掉计算器"的创业初心实现了。

尽管做到了细分市场的第一，但潜在的压力已悄然而至。到 2015 年，广联达造价业务营收下滑了 18.4%，导致其全年营收首次降低了 12.73%。在此背景下，广联达开始预告它的第一次转型，它在 2015 年年报中首次透露将各产品积极转入"云 + 端"架构模式，由销售软件产品转向提供服务。

"在这之前，我们已经思考了很长一段时间。"刁志中坦言，早在 2010 年，看到互联网行业进入高速发展期，百度、阿里、腾讯、谷歌、亚马逊等国内外互联网企业发展得如火如荼之际，他最明显的感受是"焦虑"：别的企业迅速发展，技术不断有新突破，而自己却依然做着传统的软件产品。危机感让他开始思考：能不能也做一些改变，利用新技术给客户带来新价值？

转型最难的是找切入点：如何把数字技术与公司业务相结合？在哪结合？怎么结合？直到 2012 年年底，广联达才确立了要把过去的套装产品变成"云+端"的新形态。这基于当时一个朴素的想法：软件服务不仅可以为客户提供即时服务，还可以做客户满意度调查。客户用哪个功能？用得好不好？这些都可以通过实时调查做分析，从而改进软件功能。

随后，以云业务为跳板，广联达先是成功发布首款云计价产品，商业模式也逐步由销售软件产品转向提供服务，工程信息业务作为增值服务也逐步转向 SaaS（软件即服务）模式。

小范围试点：商业转型的法宝

对任何一家企业而言，商业模式的转型都惊险且颇具挑战，一不小心就会"满盘皆输"。

"云+端"的转型将会改变广联达的收入模式。以往套装软件采用买断模式,一手交钱一手交货,成交是阶段的终点。产品云端化之后,产品与客户之间会变为"订阅模式",由产品导向变为服务导向,成交就变成了服务客户的起点。

这对企业来讲是翻天覆地的改变。

因此,在提出"云+端"的转型模式后,广联达并没有急于在全国各地区市场中全面铺开,而是选择了部分地区、一款产品、一类人群来做试点。最先选择的是云南和哈尔滨两个试点区域,"原因就是这两个市场都不大,即便真出了问题,也不至于影响到整个公司"。经过一年的观察,团队发现在哈尔滨的效果更好些,于是将哈尔滨模式放在了市场更大的广东。这三个市场都做完后,公司内部基本上已经形成了一套比较标准的方案,然后广联达才在各区域陆续展开转型,不断总结方法,逐步细化和迭代。

在地区进行试点时,广联达也会先调研客户群:哪些客户更容易理解新的产品形态,更适合先安装新产品?当时广联达的首选是为中介机构提供服务,一方面因为这是行业中需求较强的用户群,另一方面因为中介机构有更大的影响力,体验后如果发现确实比原来的服务好很多,它们就会站出来现身说法,其他客户也更容易接受。

除此之外,广联达还会让先转型的地区给还没转型的地区当"师傅",一帮一。比如2015年有6个地区完成了数字化转型,接下来的一年,这6个地区就要派人去帮扶指导其他6个地区的转型工作。

"广联达这些年能够平稳地走过来，可能就在于每一步都是稳扎稳打。"刁志中说。从一款产品、部分地区，再到后来的"1+1"帮扶，广联达用了8年的时间才完成全面转型，而且每一年都会复盘，迭代方法论。"如果非要说什么是坑的话，我觉得可能是心态上的急功近利。"他说，企业在转型时"欲速则不达"，一味地追求规模和速度，盲目自信，完全照搬过往经验，转型很可能会转到下坡路上去。

转型后的广联达也变得更加稳健，业绩数据就是最有力的证据。广联达2020年年报数据显示，2019年之前完成转型的地区的综合转化率、续费率均超过85%，其业务和盈利模式转型还有效地抵消了疫情带来的影响，广联达2020年前三季度净利润同比增长44.65%。

紧抓行业"牛鼻子"，再搞数字化转型

2016年前后，建筑行业迎来巨变：土地价格飞涨、建筑安装工程成本增加，频繁的政策调控和价格管制下，房企规模一路狂奔，利润空间一再被压缩。中指研究院数据显示，中国百强房企的净利润率持续走低，2016年仅为11%，不少媒体下论断："黄金十年结束，中国房地产业的暴利时代过去了。"

广联达自然也未能幸免，其原有的软件业务市场空间被进一步压缩。

如何获得持续增长的能力？广联达意识到，要想深刻理解建筑

行业，就要洞穿纷繁复杂的表象，直指业务经营的实质，即经营的"最小单元"。建筑企业的"最小单元"就是项目，不仅核心盈利来源是项目，建筑行业链条上的每个环节，从策划、设计、施工，再到建成后的运维，也都是以项目为核心展开的。也就是说，抓住了工程项目，就抓住了建筑行业的"牛鼻子"。

于是，2017年，广联达将软件服务升级为平台服务，锚定工程项目，提出了"二次创业"的目标——"让每一个工程项目成功"。

实际上，建筑行业"沟通基本靠吼，交通基本靠走"，工业化远远还未完成，与其他标准行业相比有着"四高"的特点。

一是高度专业。建筑行业的每个岗位都需要专业知识的支撑，以施工图设计为例，涉及建筑设计、结构设计、机电设计等专业，每个专业下又有很多细分。

二是高度协同。建筑行业既需要"人机料法环"全要素的协同，也需要施工方、建设方等项目全参与方的协同，更需要设计、生产、施工等全过程各环节的协同。

三是高度独特。每个工程项目的地理位置、方案设计、进度计划乃至区域政策都是极具个性的，没有现成的作业可抄。

四是高度动态。不同于工厂中的稳定流水线，施工过程容易受天气、人员等各种因素影响，即便制订了月度计划，第二天也可能发生改变。

"四高"的特点导致"钓鱼工程"是常有的事：报预算时成本

都报得很低，等到真正干的时候却在不断地超预算。比如说，如何减少钢筋材料的浪费？塔式吊车先给谁用？机械设备资源如何安排更有效率？这些都是施工现场会面临的现实问题。

"很多建筑项目常常设想得挺好，最后建出来却不一样，这说明想象的精度远远不够。"袁正刚说。数字技术可以在数字世界快速建立想象雏形，在建设实体建筑前先在云上建造一个虚拟建筑。也就是说，不同于在现实世界中建成才能看到的实体建筑，数字化的价值即在于，能够在数字世界里先进行模拟仿真，过程中解决一大部分问题，实现"风险前置"，等找到最佳方案后再付诸实施，交付的是数字和实体两项工程。

比如，施工现场可能面临大风扬尘导致暂时停工，大雨延误混凝土浇筑的情景，最后都会带来工期延误。通过数字化系统进行前瞻推演，对整体施工方案及进度计划进行系统优化，就可以尽可能在后面把损失的工期及相应的成本追回来。

不论是 7×24 小时的持续监测，还是系统性的前瞻推演和优化，对人来说都是巨大的挑战。但对数字化系统工具来说，只要数据扎实、连接到位、算法明确，就能通过无限体力及无限算力快速搞定。

抓住两个关键，找到第二增长曲线

看广联达的历史沿革不难发现，其业绩的持续增长，离不开第二增长曲线的加持。袁正刚坦言，如果没有第二增长曲线，广联达的发展可能早就遇到瓶颈了。"在第一曲线尚处于增长状态的时候，就一定要让第二增长曲线萌芽出来，只有它先出来，后续有需要的时候才能跟得上。"

那企业如何精准地找到第二增长曲线？广联达的经验是，一要深度了解行业，二要深度了解客户。

这说起来简单，但操作起来却难度不小。首先企业必须具备"看得远"的战略眼光。"如果看不远，增长到一定程度就会后继乏力。"袁正刚说。只有看得长远才会不断萌发新的业务。广联达的战略节奏是"看九年，想三年，做一年"，即先看九年的长期趋势，看到发展的终局，然后就三年一个战略周期做规划，接着踏踏实实做一年，即"看终局，看路径，做当下"。

同时，在长期实践中，企业必须充分了解所属行业的发展方向，洞察行业本质，这就要求在业务选择上有所取舍。广联达在聚焦于建筑行业，把行业、客户研究透的同时，对进一步的聚焦点也有所侧重。

譬如，在房地产行业红利期时，广联达舍弃了利润丰厚的房地产业务，反而选择了行业中最苦的、利润最薄的客群——施工企业。思路便是，施工企业最难，问题最多，如果能把它们的问题解决掉，再去解决其他问题就会比较容易。

为了深度了解客户，"一把手"袁正刚一个月几乎1/3的时间都用在频繁拜访客户、了解用户需求上，公司还搭建了"客户成功指标体系"。

客户成功指标体系，顾名思义，是以"客户成功"为目标，且在应用产品的过程中，用指标度量并体现产品价值。因此，广联达为客户提供的软件产品和服务，都可以明确地让客户了解这款产品能做到什么程度。因为指标不可能一上来就与客户期望的指标一致，一定存在差距，所以客户成功指标体系就相当于"控制系统"。一方面，广联达可以通过差距来调整内部的"研营销服"体系，及时发现产品的哪些功能给客户创造的价值还不够，在应用上要有所改进；另一方面，看到差距也有利于帮助客户改进，进一步说，就是产品人员帮着客户进行产品改进，服务人员帮着客户提升产品应用能力和熟练度，营销人员则帮着客户在价值或者认知方面做提升。

在流程数字化的支撑下，这套"客户成功指标体系"也牵引了广联达内部一连串的管理变革，且为了达成让"客户成功"的目标，还在不断地迭代优化。这让广联达不仅形成了一个有机整体，力出一孔，还与客户形成了一个高效的运营体系。

其实，广联达也曾走过一些弯路。当第一增长曲线快到极限时，为让第二增长曲线尽快增长，它曾做过一些见效快的短期产品，但很快便发现不可持续。尤其在将行业和客户两部分都理解清楚后，广联达开始奉行长期主义。

　　"客户想要的肯定是最需要的但比较难的，不然他们早被满足了。"袁正刚说。如果一家企业花3～5年的时间，满足了客户最大的需求，解决了客户最难的问题，在行业内也建立起了口碑，那它就与别的企业拉开了差距，也就能大大提高企业竞争力，在市场中立于不败之地。

作者 | 白志敏

金
句

- "广联达这些年能够平稳地走过来，可能就在于每一步都是稳扎稳打。"刁志中说。"如果非要说什么是坑的话，我觉得可能是心态上的急功近利。"他说，企业在转型时"欲速则不达"，一味地追求规模和速度，盲目自信，完全照搬过往经验，转型很可能会转到下坡路上去。

- 要想深刻理解建筑行业，就要洞穿纷繁复杂的表象，直指业务经营的实质，即经营的"最小单元"。

- 企业如何精准地找到第二增长曲线？广联达的经验是，一要深度了解行业，二要深度了解客户。

- 广联达的战略节奏是"看九年，想三年，做一年"，即先看九年的长期趋势，看到发展的终局，然后就三年一个战略周期做规划，接着踏踏实实做一年，即"看终局，看路径，做当下"。

- "客户想要的肯定是最需要的但比较难的，不然他们早被满足了。"袁正刚说。如果一家企业花 3 ～ 5 年的时间，满足了客户最大的需求，解决了客户最难的问题，在行业内也建立起了口碑，那它就与别的企业拉开了差距，也就能大大提高企业竞争力，在市场中立于不败之地。

第 10 章

京东方:"升维"增长的样板

无论"从 0 到 1"还是"从 1 到 N",增长是所有企业一直都要面对的命题。然而,当一家企业已经成为行业名副其实的龙头老大,市场份额也已经是全球第一时,再往上该如何增长呢?"显示面板之王"京东方就面临着这样的挑战。

财报显示,2022 年,京东方的全年营收为 1784.14 亿元。Omdia 数据显示,在智能手机、平板电脑、笔记本电脑、显示器、电视五大应用领域,京东方的液晶显示屏出货量均位列全球第一;此外,其柔性智能机显示屏出货量持续位居国内第一、全球第二,车载显示屏出货量及出货面积均位居全球第一。

一家企业真正的挑战往往是在它坐上行业龙头老大的宝座时才会出现,一旦没有了竞争对手,组织往往就会产生怠惰情绪。无论企业内外,威胁往往都来得很隐蔽,不容易察觉。在企业走向行业巅峰的过程中,只有具有远见卓识的领导者才会未雨绸缪,进行战略调整。京东方 10 年前开始物联网转型,直至"屏之物联"战略成型,这为京东方未来的增长打开了新的维度空间。我们把京东方的"屏之物联"视为一个重要的"升维"战略,这有别于"第二增长曲线",升维战略使京东方在各种不同的行业里找到了新的增长空间。

巨头的窘境：行业天花板

全球商业史上不乏风光无限的行业巨头突然倒下的案例。哈佛商学院教授克莱顿·克里斯坦森在《创新者的窘境》一书中提出了"颠覆式创新"的概念。克里斯坦森指出，越成功的市场领先者越有能力投资，在连续性创新上把原有的产品做得更好，以获得更高的市场占有率以及顾客满意度，但也因此忽略了市场上正在兴起的看似微不足道的颠覆式创新力量。

另外，企业越成功就会越重视现有的客户，相应地，其内部资源的配置也会优先考虑满足现有的客户，因此很可能就会忽略甚至错失潜在客户，进而错失未来的机会，因此颠覆式创新就会成为成功企业的致命杀手。

如果把全球显示屏市场的竞争看成一场超级马拉松，那么京东方30多年的历史就是"从行业的追赶者到跟跑者，再到行业的领跑者"的过程。1993年，京东方的前身北京电子管厂濒临破产，通过股份制改造，京东方诞生。最初，京东方进入的是上一代显示产业——CRT（阴极射线管）领域，也就是当年俗称"大屁股电视机"的配套产业。直到2003年，它才通过跨国收购韩国液晶显示企业进入了TFT-LCD领域，即人们通常所说的液晶面板行业。而这个时候，国外同行已经在这个领域深耕了20多年了，专利壁垒林立，技术门槛不低。京东方通过自建产线，培养技术人才并不断累积自己的专利技术，一边大规模投入产线建设，一边建立了研发中心、国家实验室在技术上不断投入。通过十几年的加速狂奔，将国际竞争对手一一超越。

京东方长期成长和积累，从量变到质变，取得了世界瞩目的成绩。2019年，京东方实现了第一个千亿元营收的突破，2020～2021年，仅用时两年，它就完成第二个千亿跨越，并于2021年进入全球品牌价值500强行列。然而，当这位"超级马拉松选手"前面没有了对手，且一直处于领跑者状态时，它就难免会产生怠惰情绪，甚至容易失去方向感。此前由于追赶对手所产生的业绩提升速度可能也难以重现，这就是领跑者的挑战。

从宏观层面看，过去20年，中国在半导体显示产业的总投入超过万亿元，一边是国家的产业支持，一边是巨大的国内消费市场，京东方在这个万亿级的赛道中不断地进行产线投资和技术研发，彻底改变了中国"缺芯少屏"中的"少屏"局面。

京东方作为世界上最大的显示面板供应商，国内和国际的品牌企业几乎都已经成为其客户。在技术引领方面，京东方也已经成为行业的领导者：美国专利服务机构IFI Claims发布2022年度美国专利授权量统计报告，京东方在全球排名第11位，连续第5年跻身全球TOP 20；世界知识产权组织（WIPO）2022年全球国际专利申请排名中，京东方以1884件的PCT专利申请量位列全球第7，连续7年进入全球PCT专利申请量TOP 10。

当一个企业在技术创新和各个细分领域市场份额都已经处于全球领导地位，行业天花板便隐约可见了，再往上增长的空间在哪里？营收从 2000 亿元增长到 3000 亿元的市场空间在哪里？这一直是京东方管理层思考的问题。与此同时，京东方作为面板行业的龙头企业，即使已经坐上了头把交椅，也绕不开行业的周期和回报问题。

面板行业的两大难题：周期和回报

"液晶周期"是半导体显示行业的"魔鬼定律"，进入半导体显示行业的玩家皆难逃这一定律的磨砺，全球企业概莫能外。

半导体显示行业是一个全球性竞争的行业，同时面板企业所生产的产品又是相对标准化的，这是"液晶周期"形成的前提。一边是半导体显示行业的技术投入和产线建设，一边是市场需求被不断激发出来，这是围绕着半导体显示行业的两条螺旋上升的曲线。

在需求端，从计算器、电子手表等小型液晶屏产品到笔记本电脑，再到手机、电视机、车载屏幕等各种应用场景，每一个应用场景成规模的市场的出现，都会引发新一轮的产线投资及技术进步。当大量产线建立起来时，这些产线集中释放的产能往往会导致供过于求，从而引发价格下跌，显示企业利润骤减，甚至陷入亏损；当液晶面板价格下跌，液晶显示的应用范围会迅速扩大，新的市场会出现；新的市场需求出现会导致产能不足、价格上涨，于是又会引发新一轮的产线投资。如此循环往复，便形成了"液晶周期"。

　　"产能集中释放"与"需求扩张"不能精确衔接，就会造成液晶产业链的利润率急剧波动。身处其中的企业每 1.5～2 年就会遭受一次周期的洗礼，企业在盈利和亏损的两极中颠簸，犹如坐过山车。

　　在全球范围内，京东方属于行业的后进入者，羽翼尚未丰满便迎来了残酷的液晶周期低谷。周期波动造成了液晶面板价格下跌，业绩亏损曾使京东方在资本市场两度面临 ST（Special Treatment，特别处理）。

　　在这样的行业波动的现实下，很明显，企业规模越小，受波动的影响越大。正如小舢板在大海上航行，往往一场暴风雨就可能让其葬身大海，而巨轮抗风浪的能力就会强很多。这也是京东方十几年坚持投资产线建设，不断扩大规模的原因。

　　截至 2023 年，京东方在全国已经布局了 17 条产线，覆盖了所有的显示技术路线以及各种不同类型的客户和场景。但身处显示面板产业，无论企业规模大小，周期都是始终存在的。从京东方的营收亦可瞥见其中端倪，财报显示，2021 年京东方的营收达到 2100 亿元，而到了 2022 年，营收规模就变成了 1784 亿元，影响营收的重要因素就是周期波动。

　　除了周期，回报比较低也是半导体显示行业的一个难题。半导体显示与集成电路一样都属于国家现代化工业的基础，被誉为"工业的粮食"，但是行业投入产出比较低。京东方已经是行业里的佼佼者，投入产出比也只能做到 1∶0.4 到 1∶0.6 之间，换言之，投资 1 元钱产出大概只有 4 毛钱到 6 毛钱。

"咱们有万亩良田，却只会种大米、卖大米，如果把大米做成寿司，身价立刻可以翻好几番。"京东方董事长陈炎顺在内部会议上屡屡提出这样的看法，这也反映了京东方领导者对于这个行业投资回报率低的忧虑。

对标其下游企业，这个形象的表述便一目了然：京东方的产品是"大米"，而手机品牌商的产品则更像"寿司"，资本市场也用 PE 值（市盈率）给出了完全不同的价格——京东方的 PE 值只有 6 倍左右，而苹果公司的 PE 值曾一度高达 30 多倍。

关于"大米"和"寿司"的思考实际上是对行业本质的思考，是关于产品附加值的思考。京东方的管理层迅速地扩张产线，提升技术，在不断地加宽行业护城河的同时，已经开始更深入地思考行业本质以及如何从行业本质问题出发找到京东方全新的发展路径和增长空间。

转型战略：屏之物联

在不断赶超竞争对手的过程中，京东方已经在思考下一步的战略。2013 年，京东方开始在物联网领域布局。当时物联网还只是一个概念，"只听楼梯响，少见人下来"。10 多年过去了，一个个物联网细分应用场景成熟起来，包括智慧金融、智慧车联、智慧零售、智慧医疗等。

与其说物联网是一次机遇，不如说它是一个转型的赛道。那么，如何于物联网蓝海中完成精准的战略调优，基于转型实现业务跃升？

京东方于2021年提出的"屏之物联"战略，明确了京东方的品牌定位为物联网领域全球创新型企业，同时强调了京东方围绕"屏"与伙伴们持续深化创新合作，构建协同生态，赋能千行百业数字化转型的发展方向。这一战略的提出并非天马行空，而是京东方经过多年的探索，基于公司自身的核心基因和能力，在深入洞察产业发展趋势、客观分析内外部资源优势的基础上构思而成的。

京东方集团董事长陈炎顺在以"屏之物联 融合共生"为主题的2023京东方全球创新伙伴大会上总结了京东方在物联网时代的转型历程，共分为三个阶段，即探索期、实践期和融合期。

2016～2017年，京东方梳理了物联网价值创造系统，明确了物联网的触发科技，在"开放两端，芯屏气/器和"的发展理念指导下，进行物联网转型的探索。陈炎顺指出，战略设计要扬长避短，充分发挥自身核心资源优势。京东方以"屏"起家，坐拥全球知名的市场客户资源、雄厚的面板产能资源，在显示无处不在的物联网时代，京东方的核心优势正是"屏"及围绕屏的周边能力。

定义清楚自己的核心竞争力，"屏之物联"战略便应运而生。如何将这个战略落地呢？可以总结成三句话，即让屏"集成更多功能""衍生更多形态""植入更多场景"。这也代表了京东方面向未来的技术战略、产品战略和市场战略。

　　"集成更多功能"对应的是技术创新，简单来讲，就是将其他技术集成到一块屏上。比如，以前消费者用指纹解锁手机时，只能用手指按压一个固定的位置，而现在的指纹解锁位置无须那么"精准"，手机可以在更大的区域识别用户的指纹，这是因为京东方将传感技术集成到了手机屏上。再比如，以前手机的前置摄像头总要搞个"刘海"或者其他形式的孔洞以留出摄像头的位置，如今，京东方的屏下摄像头技术将屏与摄像头完美融和，除了提高了手机的美观性和轻薄性外，从性能上也使手机的待机续航时间变得更长了。

　　京东方的技术创新的结果是，屏不再仅限于显示，而是成为一个功能平台，即"屏即平台"；这些功能的有机组合构成了一个面向具体细分场景的系统，也就是"屏即系统"。

　　"衍生更多形态"对应的是产品制造能力，说白了，就是适应客户定制化的需求，屏幕不再局限于传统的尺寸和形态。在传统的电子消费领域，京东方目前已经做到了覆盖全尺寸，并在柔性显示领域不断发力，推出了折叠屏、卷曲屏、透明显示屏等创新产品。典型的案例是2022年年初北京冬奥会开幕式上的"雪花屏"，这是一次对屏的形态的极致创新。

　　在功能不断升级、形态不断丰富的基础上，"植入更多场景"指京东方在深度理解客户需求后，通过应用创新将产品和服务不断植入细分场景，实现场景层出不穷，显示无处不在。

　　让屏"植入更多场景"看上去更像是一个市场策略，但要实现这个策略，至关重要的还是技术。在具体的场景中，不仅需要屏，还需要 AIoT 技术来解决问题，满足客户的需求。技术升级和市场开拓相互促进，相互推动，一个个新的市场空间就被打开了。比如，智慧园区这个场景用到的技术包括人脸识别、文本检测、动作识别等，这些技术并不是只能用于园区管理，而是还可以应用到更多场景中，比如对校园、医院等各种各样的线下空间的管理中。实际场景应用中积累的数据和技术优化的经验也会沉淀下来，应用在对其他市场的开拓中。

"屏之物联"的战略打开了屏的无限市场空间，重构了原来的市场模式，并创造了新的客户。原先，屏的客户是电子消费品的下游企业，比如生产电视、电脑、手机等的企业，而在"屏之物联"的战略下，智慧金融、智慧车联、智慧园区、智慧零售、数字艺术、工业互联网等各种场景的客户已经与原先大有不同。

当场景成了未来的市场，赋能场景的产品成了"屏 +AIoT"系统解决方案，未来的千行百业、场景的星辰大海将为京东方打开无限的市场想象空间。

战略升维：巨头的增长逻辑

"屏之物联"战略落地的过程，就是京东方进入一个个全新的行业场景的过程，而无数的行业场景构成了京东方的全新增长空间。这不是一个线性增长的过程，而是一个同时打开多个维度的空间的过程。

"维度"是一个物理学中的空间概念。具体而言，零维是一个点，一维是一条线，二维是一个平面，三维则是立体空间，人类生存的世界就是一个三维世界。

如果我们将京东方的增长路径总结成一个维度演化的战略模型，那我们可以在这个模型中看到京东方从零维到二维再到三维的不断升维的过程，看出其增长的逻辑。

升维的前提是要先找到自己的核心技术原点，也就是"零维"。对京东方来说，这个核心技术原点就是屏；沿着这个核心技术原点，便形成了市场和技术两条轴线；这两条轴线不断延伸，便形成了面积越来越大的一块矩形区域，正如京东方不断扩大的半导体显示市场（见图 10-1）。这个市场便是京东方的二维核心优势市场，它的发展基于核心技术以及产品的发展，比如京东方的显示技术从液晶到 OLED，再到 MLED，都扩大了自己在二维市场上的版图。

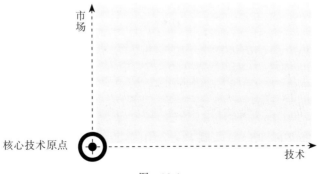

图　10-1

伴随着技术的不断精进、市场的持续扩张，京东方成为中国半导体显示市场的龙头企业。不过，半导体显示市场只是一个"二维市场"，原因是，在这个市场中，京东方的产品与客户是相对固定的，产品是各种与屏相关的电子产品，客户也是电子产业里的相关企业，即使出现新兴消费电子品类，客户也是可预见的。

目前，京东方在半导体显示产业链中无论技术还是市场份额都处于领先的位置，这个领域里全球大多数企业都已经成了京东方的客户，要想进一步扩大市场份额，难度比较大。因此，在原有的半导体显示这个二维市场上，京东方的增长天花板已经显现。这就是二维市场的特点，它虽然也在不断增长，但规模基本上是可以预见的，市面上所有的竞争对手面对的是同一个存量市场。在这样的市场中，龙头企业一方面要面对增长天花板的问题，另一方面也要应对来自行业新锐的"颠覆式创新"的挑战。

京东方靠什么打开新的增长空间？答案就是"升维"，"屏之物联"就是京东方从二维升到三维的关键战略。

京东方在"屏之物联"战略的指引下，在确保原有的半导体显示这一基础市场稳固的同时，以"屏"这个核心技术原点开辟出了一条关联技术——AIoT技术路线。这条关联技术轴线与原有的技术轴线形成了一个全新的"技术底座"，随着关联技术的不断丰富和迭代，这个底座以及不断被发掘出来的需求场景相互融合，拓展出了一个超越传统基础市场的业务发展空间以及全新的场景应用，将市场从原来的二维平面升级成了三维空间（见图 10-2）。

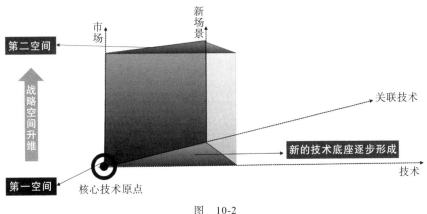

图　10-2

京东方的产品从原来的屏变成了"屏 +AIoT"个性化解决方案。客户也变得丰富起来，不仅涵盖了原有的下游品牌终端客户，还包括了像银行、园区、工厂、艺术馆、教育机构等客户。

新的增长空间被打开了，重点是京东方用"屏 +AIoT"的解决方案，将一个个市场空间变成了自身新的业务增长点。在物联网技术路线与原有半导体显示市场面组成的三维增长空间里实现了战略升维，创造出无数的市场切面（见图 10-3）。京东方不再是从原来的显示市场"蛋糕"中分取份额，而是创造出一块块新的"蛋糕"。

我们将这个由"屏之物联"战略衍生出的全新模型定义为战略升维模型。剖析这个模型，会发现"升维"是关键，犹如从二维平面升至三维空间，企业只有站在更高的维度，才能像京东方一样打破行业原先的增长天花板。

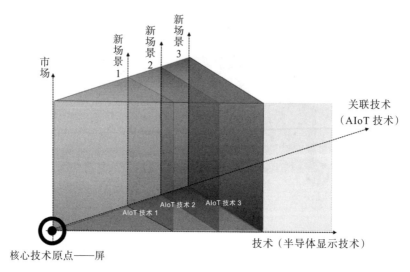

图　10-3

今天的世界，正处于从以信息技术为代表的第四次康波周期向以人工智能、物联网为代表的新技术所推动的第五次康波周期过渡的时期。面对新的周期，企业要想实现"关键一跃"，就必须重新认识在新的周期中，核心的技术基础发生了什么变化、客户和应用场景相应地产生了怎样的新的需求，以及其他企业如果应用新的技术是否可以创造颠覆式的新产品或者新服务来满足这个需求。

京东方的"战略升维模型"对诸多在新一轮的周期爆发前准备起跳的中国各领域的领先科技企业而言，都是一个有效的战略决策工具。

　　科技型企业都有自己的核心技术，产品和市场的拓展都是基于自己的核心技术能力。在新的技术周期来临之前，对如何及时做出预判和准备动作，形成新的核心能力，并开辟全新的技术路线，从而打开全新的市场空间，京东方的战略方法论是非常有启发意义的。

　　　　　作者 | 王玥　连界董事长、由新书店创始人
　　　　　姜蓉　自由撰稿人

金
句

- 一家企业真正的挑战往往是在它坐上行业龙头老大的宝座时才会出现，一旦没有了竞争对手，组织往往就会产生怠惰情绪，无论企业内外，威胁往往都来得很隐蔽，不容易察觉。

- 企业越成功就会越重视现有的客户，相应地，其内部资源的配置也会优先考虑满足现有的客户，因此很可能就会忽略甚至错失潜在客户，进而错失未来的机会，因此颠覆式创新就会成为成功企业的致命杀手。

- "屏之物联"战略落地的过程，就是京东方进入一个个全新的行业场景的过程，而无数的行业场景构成了京东方的全新增长空间。这不是一个线性增长的过程，而是一个同时打开多个维度的空间的过程。

- "升维"是关键，犹如从二维平面升至三维空间，企业只有站在更高的维度，才能像京东方一样打破行业原先的增长天花板。

- 面对新的周期，企业要想实现"关键一跃"，就必须重新认识在新的周期中，核心的技术基础发生了什么变化、客户和应用场景相应地产生了怎样的新的需求，以及其他企业如果应用新的技术是否可以创造颠覆式的新产品或者新服务来满足这个需求。

第 11 章

5 年再造百亿营收单品，科沃斯老船长开辟新航道

"哲学让我仰望天空，物理让我脚踏实地。"这是钱东奇的人生信条。

曾经是大学教师的钱东奇，1998 年下海经商，从外贸到实业，从代加工到自主研发，一步步踩在时代变迁的风口上。2018 年，他带领科沃斯成为"扫地机器人"品类第一股，之后交班给儿子，自己选择二次创业，创造新品牌"添可"，那年他 60 岁。

如果说科沃斯是钱东奇精心打造的大船，那么添可就是一艘小快艇。后者在 5 年内实现业务规模涨数十倍，年收入达到近百亿元，让钱东奇尝到了赛道红利带来的甜头。

钱东奇究竟是如何一次次带领企业成为行业的领头羊的？又是如何在红海中创造蓝海，实现第二曲线的增长的？正和岛案例探访走进苏州添可总部，我们采访了这位掌舵者，试图总结出背后的逻辑。

60 岁再起航

回顾 20 多年的创业历程，钱东奇从两个维度做了总结：纵向看，做企业犹如推着石头上山，充满艰辛；横向看，做企业犹如在动物世界生存，需经历优胜劣汰，充满残酷。

　　钱东奇坦言他最早做企业的时候，太辛苦，太难了，如今自己已经能坦然地接受所有的折磨，"带着企业、带着大家走到今天，无论对自己、对员工、对社会，我都认为自己是创造价值的，无愧这一生"。这位企业家的心性也在企业突围的过程中一次次被打磨。

　　钱东奇的商业起点在海南。

　　1988 年，钱东奇从汕头大学辞职，下海经商，在海南开始了第一份企业工作。此后，他继续走南闯北，从海南、深圳再到苏州，1998 年创立泰怡凯。和当时的大多数苏州企业一样，泰怡凯也是给外资企业做 OEM 贴牌加工，钱东奇并没有从中获得多少成就感，于是他秘密组织了一个团队，研发家用服务机器人。

　　2006 年，"科沃斯"这个自主研发的品牌横空出世。做自营品牌并不容易，公司很长时间都处于亏损状态，只能硬扛。直到 2018 年，科沃斯扬眉吐气，成为行业第一股，这年钱东奇 60 岁，他选择把这一品牌交给儿子钱程打理，自己则带领老部下继续进行内部二次创业，推出新品牌"添可"。这个新生事物是在质疑中前行的。

　　当时所有人的第一反应都是"老板疯了"，经销商不认可、投资者不认可、团队不认可……他们质问钱东奇，明明有一个科沃斯品牌，哪怕是做创新也完全可以放在科沃斯品牌内部做，没必要花钱做新品牌。甚至有人说他"这是作秀"。对于这些质疑，钱东奇笑着说自己"皮比较厚"，看得很淡，"一家企业如果不被质疑，基本上也就快没戏了"。

为了避免与科沃斯这个成熟的品牌正面竞争，"添可"做了差异化选择，将自己定位于高端智能生活电器。添可像一个加满油的快艇，飞速行驶，先后研发出"飘万"智能吸尘器、"芙万"智能洗地机，交上了一份"产品定型必成爆款"的成绩单，5年内实现业务规模涨数十倍，年收入达到近百亿元。添可的亮眼表现还被复旦大学管理学院写进课堂案例。

这并不是钱东奇的终点，在预制菜与净菜的新蓝海之上，他第四次瞄准了新的赛道方向。在某次"头脑风暴"中，智能料理机"食万"的产品创意诞生。这条千亿规模的新赛道让创业老兵钱东奇再度感到兴奋不已，"说食万是厨房里的苹果公司，一点也不为过。它会产生很多内容，会改变整个中国的烹饪行业。这是将来的一个大的行业趋势"。

除此之外，添可不断扩充产品种类，完善高端智能电器的布局，在清洁、个护、烹饪、健康四大智能生活领域发力，用产品诠释着它充满温情的品牌标语——"生活白科技，居家小确幸"。

在红海中蹚出蓝海：开辟新赛道

毫无疑问，添可是钱东奇为科沃斯品牌找到的第二增长曲线，其经验可圈可点。事实上，国内诸多企业都有很强的危机感，不断地去寻找第二、第三乃至更多的增长曲线。但如何寻找？什么时候开启第二增长曲线？

这里面有一个度的问题。钱东奇很务实："不是为了找曲线而找曲线，所做的一切都是为了企业的可持续增长，去找相应的增长方式，这才是一个核心环节。"若企业的传统业务，也就是第一条赛道做得不好，再做第二增长曲线是不明智的；只有第一条赛道已经做得很不错，企业创始人又看到市场上的新机会，并且有足够的能力和资源支持企业的可持续性发展，才可以考虑下一个赛道。科沃斯抓住了服务机器人的方向，添可则抓住家电智能化的大趋势。两者稍有不同的是，添可专门增加了人工操作的设计，目的是让人产生与机器互动的乐趣，"重在参与"也是一种小确幸。

钱东奇在家电行业 30 多年，他深知这个市场竞争激烈，却一次次在这片红海里创造出了属于他的蓝海。

1. 寻找差异化，创造新品类

在钱东奇的眼中，所谓的"红海"，其实只是待开发的"蓝海"。他定义科沃斯是用新技术创造一片蓝海，添可则是用新技术在红海里开辟一片蓝海。无论科沃斯还是添可，它们都创造出了新的赛道，其中没有竞争对手，"起步就是第一"。

以添可为例。早期添可对标戴森，根据美国权威杂志《消费者报告》，添可 2019 年推出的"飘万"吸尘器的市场占有率超过了戴森这个国际大品牌，但它与戴森仍存在差距。钱东奇很快就懂得了一个道理：哪怕再造一个戴森，也没有任何意义。只要还落到"吸尘器"这个品类里，添可就什么也不是，因为"大树底下寸草不生"。自此，钱东奇决定要创造一个新赛道——他从消费者的痛点出发去思考，最终找到一个"问题"：除了扫地、吸尘之外，老百姓还要再拖一遍地，也就是要"扫一遍，拖一遍"。他开始琢磨：能不能把两者合而为一呢？解决这个问题的创意就是洗地机。"对戴森来说，吸尘器是它打商战时建立的壁垒，那洗地机的部分就是它的短板。"

添可率先创造了"洗地机"这个新名词，开发出"芙万"产品，继续集中资源朝着一个城墙口冲锋，硬生生地把"洗地机"这个新品类和吸尘器成功地区隔开来，并最终在用户心智中建立了"洗地机＝添可，添可＝洗地机"的认知。

2. 把握窗口期，持续做宽做大赛道

建立企业的第二增长曲线，时机尤为重要。市场竞争本质上是打仗，对新型创业公司而言，窗口期格外关键，拼的是敏锐度和速度。钱东奇深谙这一点："我的生存之道是什么？我要跑得足够快，要有足够的敏锐度。在市场环境当中，只有一种企业没有活路，那就是看不到时代、看不到机遇的企业。"科沃斯品牌在市场站稳了脚跟，成为细分领域的领跑者，需要继续进一步扩大优势，开辟与过往不同的新道路。添可的出现恰如其分，它复制科沃斯过往的经验，成果显而易见，仅用5年时间就取得了科沃斯花了12年才取得的成绩。

为了把握住发展的窗口期，添可选择了与国内大型智能家电企

业不同的打法。正如复旦大学管理学院教授蒋青云所分析的：相对于美的、小米这样的全市场覆盖的企业，添可主要聚焦于中高端家庭市场。小步快跑，添可迅速占领了行业的高地。"这就不仅仅是钱的问题，也不仅仅是创新一个产品的问题，而是一个整体性的问题，包括用户心智的占领、品牌的落地、创新产品的持续迭代等一系列问题。这个壕沟已经被占住了，大企业已经贻误了最佳战机，不管再用多大的弹药，也夺不回高地。"

这种底气来自哪里？这离不开钱东奇的整体布局：科沃斯集团从做OEM起家，在家电领域的产业链中做了长期的积累，在家电出海渠道和国内分销渠道又有多年的布局，这些都为添可产品提供了便利；尽管添可和科沃斯严格分品牌经营，但在市场资源调配、经营经验分享和经营团队支持等方面有很多协同……科沃斯与添可很好地发挥了第一、第二增长曲线的协同作用，得以持续做宽做大赛道。

面向未来，钱东奇的重心会往智能料理机"食万"上倾斜。这款产品改变了以往用菜谱教用户烹饪的传统模式，由机器掌控翻炒操作、火候以及调味的时间和量，并支持全程语音提示。如果这时钱东奇突然发现另一个赛道也不容错过，他将会怎么取舍？钱东奇非常清晰自己的选择，在食万没有打磨好、没有上规模前，心无旁骛。新的品类或者新的品牌能否成功，科沃斯集团内部有一个50%的分水岭。目前添可的营收已经接近百亿元，钱东奇在心中设定了他的第一目标——卖出 10 万台食万，让食万在更长远的未来里占到添可 50% 的营收。

遵循商业的本质：为用户创造价值

在采访的过程中，钱东奇反复强调，他做企业只不过是遵循了商业的本质：为用户创造价值，满足用户的需求，提供等价交换物。

何为等价交换？一言以蔽之，商业是一种交换，即来自企业端的供给能满足用户端的需求。企业能为用户提供什么？如何让用户心甘情愿地花钱且认为物有所值？这是任何企业都要回答的基本问题。

钱东奇说自己不太看管理类的书，也不喜欢各种花里胡哨的新名词、新概念。在他看来，企业所有的行为，包括战略设计、技术创新，都是服务于用户价值的。

亦如管理学大师彼得·德鲁克所言："企业存在的唯一目的是创造顾客。"企业家的手中、心里始终要有"一杆秤"："企业给客户提供的价值和客户支付给企业的对价，两者之间有一杆基本的秤，只有基于等价交换的原则，商业才是可持续的。至于等价与否，不是由企业说了算，而是由面对的客户说了算。"

无论科沃斯还是添可，这两个品牌的产品都与消费者的生活息息相关，用户更容易有感知。如何提高产品的用户价值？钱东奇分享了两个关键点。

第一，持续关注和洞察用户需求。

寻找新机会离不开对市场的洞察，企业创始人对市场要有异于常人的敏锐度。浸淫家电行业30余年，钱东奇对这个行业了如指掌。在某种程度上，钱东奇就是添可的首席市场官和首席产品经理。

除了外出，每周三下午是添可雷打不动的经营会议，决策团队交换各种信息，提出产品问题。钱东奇带领企业努力挖掘消费者潜在的、尚未释放出来的需求，再把需求显性化，最终形成新产品。早在2017年，钱东奇就对产品部门负责人提出了要求：吸尘器要在无线基础上探索智能化方向，为产品注入灵魂。2019年，智能无线吸尘器"飘万"诞生，它改变了传统吸尘器需要手动调节的操作模式，是"会思考的智能吸尘器"。

在外人看来，从扫地机到料理机产品品类转移的跨度很大，而在钱东奇看来，变化的只是从地面清洁到烹饪料理的领域，不变的是人们的深层需求。"品牌需要挖掘消费者的潜在需求，比用户更懂得用户，才能让价值创造超出用户的期望。"尤其在快节奏的互联网时代，"懒人经济"和"宅经济"催生了诸多新兴的商业模式、服务形式和产品样式；中国年轻一代更认可本土品牌的性价比，"国货热"方兴未艾，进一步推动了添可品牌在小家电市场站稳脚跟。

第二，围绕用户需求升级迭代产品。

钱东奇十分在意用户对公司产品的反馈。初期为了解用户的反馈，他会去全网渠道找用户的反馈，特别是会一条一条地看差评，并把建设性的建议应用在后期的产品迭代中。

技术迭代与创新是实打实的，不是靠嘴巴说的，需要渗透在产品的各种细节里。以洗地机"芙万"为例，其主机上有一块圆形的LED屏幕，其中有一个"智能红蓝环"设计，红色表示脏污状态，蓝色表示洁净状态。在设计产品时，钱东奇提出，红蓝环的颜色变化不应该是突然从全红变成全蓝，而应该是由红色慢慢过渡到蓝色的渐变模式，因为这能让用户感受到脏污被一点点洗干净的过程，给用户带来清洁的成就感，"让洁净看得见"。

复旦大学管理学院院长陆雄文提出：要做一家技术驱动的公司，就要想五年、十年以后的竞争。在钱东奇心中，科沃斯和添可是科技公司，他还需要在用户价值创新和技术创新上拿捏平衡。钱东奇时刻在心里问自己做对了吗，如果没做对，那就迅速调整。"研究一代，开发一代，市场推广一代""我们要用商业逻辑去闭环，不能沉浸在自己的世界里。技术强不强不是自己说的，要让有支付能力的客户说你强"。市场给出了答案：2018年，添可成为第一个代表"中国智造"走向世界、拥有自主知识产权的吸尘器企业；作为"国货之光"，添可在海外市场赢得了尊严，常年都是美国、英国、德国、日本等亚马逊海外站点最畅销的品牌。

培养接班人：守正出奇

科沃斯成为行业第一股，添可5年营收100亿元，背后离不开组织的支撑作用。正如管理学家查尔斯·汉迪所说，企业的第二曲线是由显性曲线和隐性曲线两条曲线构成的。具体而言，显性曲线即业务增长曲线，比如新的业务模式、新的产品品类、新的用户群体等；隐性曲线即组织创新曲线，比如人才发展、企业文化迭代等。

钱东奇喜欢把创业比喻为行船，航行最重要的是方向和动力。在航行中，钱东奇坚持一个原则：守正出奇。"正"是大方向、主战略，"奇"是新赛道、新品牌；"守正"的是商业的本质，"出奇"的是做出比其他企业更有特点的事。

企业家是一个企业的船长，职责是把控方向。一旦船出现问题，创始人要率先"跳下去"，带着团队补船，"任何一个关键环节，我都应该是最后一道防线，要保证这条船不沉下去，且行往正确的彼岸""到关键时间点的时候，我就会出现，但我并不是所有时候都会出现"。

沿着选择的赛道行驶，把驾驭的大船交给下一代年轻的船长，这是老一代企业家的宿命，也是钱东奇在持续推进的事情。

让钱东奇颇感欣慰的是，儿子从加拿大回国，主动选择了接班。钱东奇懂得做企业的辛苦，如推石前行，他也曾整夜睡不着觉，患过抑郁症。看到儿子遇到难题时，他也只能把心疼放在内心深处，按捺住性子不指手画脚。"他想做什么，我就创造条件，但他再苦再累也得扛下去，如果我帮着做，他就不会成为一块钢""带的方法应该是放手，但是要兜底"。

科沃斯与添可两个品牌在内部相对平行，儿子独立负责科沃斯，钱东奇带着一帮老部下建设添可。添可的存在壮大了整个科沃斯集团的实力，也在无形中给原有科沃斯品牌的团队树立了一个对标，带来压力和动力。

钱东奇心里非常清楚，科沃斯这条大船不能出纰漏，在把控方向上他责无旁贷，但他也允许大船在行驶过程中有颠簸，曲曲折折，"只要船不翻，就不应该插手。除非你觉得这件事是要翻船的，才会站出来""这条路迈得出去，你才有可能培养一个超过钱东奇的人，否则最多培养出下一个钱东奇"。

船舶要获得持续的动力，就要发挥团队的作用，识别并培养团队里的人才。钱东奇的做法是在过程中培养接班人，"培养年轻接班人最好的方式是让他们跳到水里去游泳，通过打仗建立功勋，通过打仗来带队伍，这样才有机会培养出有独立人格的接班人，他们对战场也才能有认知以及决策能力"。

企业文化也是生产力，润物细无声地影响组织中的每个人。钱东奇坚持给年轻人创造宽松、包容的环境，以及提供组织上的保障。添可内部没有复杂的汇报关系，提倡对事不对人，就事论事，用事情的本身来判断曲直好坏；发现年轻人的闪光点，容许年轻人犯错。"我要带领大家把优点充分地发挥出来，把短板补齐，思考怎么把每个人的潜能释放出来。我的中心思想是与人为善，而不是与人为恶。大家有机会在任何地方犯错，但不要总在同一个地方犯错。"

　　如今，添可在推动"ChatGPT全员化"的概念，明确规定企业不会因为ChatGPT裁员，但是在年底之前，每个员工都得寻找第二岗位。这种人性化的规定极大地调动了员工的热情，同时也让员工在压力中思考更长久的出路。

　　被问及什么时候退休时，钱东奇回答道："当这条船已经行稳致远时。"事实上，洗地机行业在不断涌入新玩家，既有新锐品牌，也有海尔、美的这样的传统家电品牌，年轻的添可面临着诸多挑战，这位不服老的船长还将继续乘风破浪……

作者｜曹雨欣

金
句

● 不是为了找曲线而找曲线，所做的一切都是为了企业的可持续增长，去找相应的增长方式，这才是一个核心环节。

● 企业能为用户提供什么？如何让用户心甘情愿地花钱且认为物有所值？这是任何企业都要回答的基本问题。

● 寻找新机会离不开对市场的洞察，企业创始人对市场要有异于常人的敏锐度。

● 坚持一个原则：守正出奇。"正"是大方向、主战略，"奇"是新赛道、新品牌。

● 沿着选择的赛道行驶，把驾驭的大船交给下一代年轻的船长，这是老一代企业家的宿命。

第 12 章

务实创造豪迈奇迹：从破产乡镇企业到全球隐形冠军

山东高密，是文学大师莫言的故乡，但很多人不知道的是，这里还有一个拿下了制造界多项世界冠军的公司——豪迈。

如果说莫言是把"高密东北乡"安放在了世界文学的版图上，那么豪迈创始人张恭运则是把"高密豪迈"安放在了世界高端制造的版图上。创业29年来，张恭运带领企业上演了一场教科书式的逆袭式增长，让企业从一个只有34名员工、负债率96%、总资产100万元的小作坊，发展为一家拥有24 000余名员工的大型集团，业务涉及精密数控机床、海洋采油装备和精细化工等十余个行业，在轮胎模具、气门芯等多个领域成了世界冠军，旗下还有一家市值200多亿元的上市公司（豪迈科技）。

豪迈的成功，靠的是什么？说来简单，不过是"创新"二字：既是对技术、生产细节的创新，也是对经营理念的创新——遵循常识，低调务实，不追求新奇炫酷的概念，始终保持创业初心。创新原本没有那么多花里胡哨的概念，但回首豪迈的来路，能将这些朴实的创新之道一以贯之，却也并不简单。

开局"卑微"，增长不停

1979年，张恭运考入山东工学院（现已并入山东大学），学习机械制造工艺与设备专业。毕业后，他响应国家号召，前往乌鲁木齐支边，工作 5 年后回到老家高密。1995 年年初，他和 3 位合伙人买下当地一个破产倒闭的维修车间，正式开启创业生涯。

负债经营，冒险生存，这是张恭运创业初期的真实写照。当时，这个维修车间价值 100 万元，但负债率高达 96%，为了买下车间，几个合伙人前前后后凑了 4 万块钱，在与银行协商后，将剩下的 90 余万元企业负债全部转为了个人负债，才成功买下来。企业也没有什么主打产品，靠零星的来料加工维持生存。后来据豪迈员工介绍，当时只要是跟铁沾边的活都干——做模具，造车床，还给别人焊过大铁门。

在回忆创业初衷时，张恭运毫不掩饰："说实话，豪迈创建的初衷，真的没有多么高的境界，我们不是为了行业发展，不是为了技术进步，也不是为了税收和就业，这些可能是国家和社会层面上的讨论。豪迈的创建，只是为了让我们的员工能够实现自我价值，也就是我们创办企业的初衷是，努力把豪迈建设成员工实现自我价值、奉献社会的理想平台。"

然而，最初的产品开发尝试大多未遂人愿，厂里面流传过这样一段顺口溜："炒锅炒翻了，榨油机榨干了，鞋模老师也蹿了。"张恭运曾把创业之初的经历总结为两个字：卑微。

但是，之后的豪迈，渐渐走上了一条增长的快车道：除了 1997年企业产值略有回落，其余年份里，豪迈的发展都保持着一路上扬的势头，多个年份的产值增长率均在 100% 以上。这一上扬势头至今仍在保持，让豪迈堪称企业快速成长的典范——新冠疫情的三年中，豪迈每年以 15% 的速度成长；2023 年，豪迈的总产值为 170 亿元，增幅达到 22%。

除了企业产值高速增长之外，这些年来，豪迈还有一些可圈可点的关键动作值得注意。

- 1995 年，一场"烧鸡事件"——"主管待客我买鸡，多报三元笑眯眯，事发被炒悔有余，公司伙伴不可欺"——开启了以诚信为基础的企业文化建设。
- 2000 年，企业首次吸纳员工入股，确立优秀骨干员工持股的"合伙合作"机制，同年成为高密首家为员工缴纳社会保险的民营企业。
- 2002 年，企业通过全员大辩论，确定了主营产品"从专用机床向轮胎模具转移"的重大战略。
- 2007 年，出于发展的需要，企业内部达成共识，冒着较大的风险，投巨资专门为 GE 公司建造了加工燃气轮机缸体的大型车间，项目成功后，西门子、东芝、阿尔斯通等世界级企业纷纷前来合作。
- 2010 年，为方便员工子女入托，豪迈幼儿园成立。

回首豪迈来时路，这家企业是怎么做到高速发展的？靠专利，靠资源，还是靠机遇？张恭运说，其实都不是。正和岛多次走进豪迈，发现其蝶变之道无非四个词：**常识、创新、人性、共享**。

"天下雨，人打伞"，成功的秘诀是遵循常识

所谓常识，就是不言而喻的规律，是一切现象的本质体现。但有多少人真的会按照常识去办企业、搞经营？有人忽略现实条件，想要"大干快上"；有人热衷于讲"漂亮故事"，先把钱忽悠到手再说；有人把"赌性"视为冒险精神，想一把"all in"，忘了谋定而后动，结果往往"求仁得仁"。于是，我们也一次次"眼见他起高楼，眼见他宴宾客，眼见他楼塌了"……

反观豪迈，它为什么能稳健经营 29 年，为什么上市十多年来只分红不融资，且分红是融资的数倍……一个重要原因就在于，豪迈将常识深深地刻进了企业的基因当中。

比如，从最初做零星机械加工、鞋模和榨油机等一切与铁有关的产品，到建立轮胎模具、机械加工、铸铁铸钢、海工装备、换热器"五大根据地"，再到如今找到精细化工装备、高端数控机床和大型压缩机等新的"增长点"，豪迈的业务看起来五花八门、极其多元，实则贯彻着一条核心主线——安全为王，先试后做。在开拓新行业、新业务时，豪迈不会把利益最大化作为首要考量，更不会为了抢风口而做多元和做规模，而是出于生存的本能，以一种最朴素的"试点"策略来寻找企业的"狡兔三窟"——第二、第三增长

曲线。

而且，豪迈的多元化不是盲目地闯入其他领域，而是在既有业务的基础上组建"尝试小分队"，先投入少部分资源，分阶段逐步进行市场探索和工艺设备创新，如果发现不合适，那就及时止损，以免过度投入导致伤筋动骨。

饭要一口一口吃，事要一件一件做，路要一步一步走，于企业而言，这同样是最基本的常识，是应该遵循的真理与本质。显然，豪迈将之真正贯彻到了经营当中。

在这个方面，张恭运有着自己的理解："做企业不是为了讲故事。什么样的故事讲起来生动、过瘾、传奇？是破釜沉舟、背水一战的故事。人们喜欢听那种不给自己留退路的故事，觉得很勇猛、很震撼、很有冲击力。但做企业绝不能搞破釜沉舟、背水一战的事情，决策者更不能做'不成功便成仁'的赌徒。因为公司承担着很多关联者的利益，关乎着上下游许多人的生活和命运，不能因赌性太大而让所有的人跟着冒险。这是不负责任的。"

回归简单，回归常识，这个时代会偏爱那些能够保持本分与平常心的人。

从小处着手改善，让创新人人可为

在"创新理论鼻祖"熊彼特看来："企业家不是一个身份，而是一种创新的状态。总经理不一定是企业家，董事长也不一定是企业家，只有当他在创新的时候，他才是企业家。"从这一定义来看，张恭运无疑是一位极具创新精神且掌握了创新精髓的企业家。

譬如，豪迈有一个非常重要的理念——"改善即创新，人人皆可创新"。什么意思呢？

就是要发动全体员工的智慧，无论是谁，无论身处哪个岗位，只要能把成本降低、把管理优化、把产品做得更漂亮、把不安全的环节做得安全，就都算作创新。

豪迈厂区一位送桶装水的大爷就是个例子。因为厂区进行的是机械加工业务，难免会有些铁屑散落在路面上，车经过时轮胎常被扎坏。怎么办呢？大爷就想到了一个办法：在送水车下面装一串磁铁，这样一来，当送水车路过有铁屑的路面时，铁屑就会被吸起来。在张恭运看来，这就是一个很好的创新，于是，公司对大爷进行了奖励和表扬。

简而言之，在豪迈，创新并不是一个多么高大上的概念，豪迈人更倾向于**从小处着手，一点一滴去改善，日积月累，通过量变达成质变的效果**。而且，在豪迈，豪迈人经常提醒自己：小心"颠覆式"或"革命式"创新，这样也许解决了老问题，但新问题可能会很容易冒出来。

张恭运坦言，从当年的小作坊发展成今天拿下多项世界冠军的公司，自始至终，豪迈靠的不是某个专利、某种资源或某个特别的机遇，而是全员参与的创新改善与持续进化。想来，这一理念与豪迈的"出身"也有一定的关系。

豪迈成立之初有 30 多名员工，只有张恭运一个人是大学生，剩下的五六个高中生就算是厂里的"知识分子"了，再加上地处乡镇，要想有所进步，唯有依靠员工去改善创新。

于是，张恭运鼓励大家学习、改善、创新，提倡"谁能把过去不好的地方改善了，谁就是能人；谁创新改善得多，谁就是高手""谁优秀，谁骨干，攻坚破难能体现"。久而久之，企业内部也形成了一种"有用就是人才，人人皆可成才""不以学历论英雄"的企业文化。直到今天，豪迈公司的高管中，初中生、技校生、高中生的比例仍有 20% 以上。

在张恭运眼中，凡是有价值的事情就都算创新，没必要把创新的范围限定得太窄，"很多企业现在为什么创新不够活跃，一大原因就在于人们总觉得只有那些非同凡响的、颠覆式的改变才叫创新"。

的确，那些颠覆式、革命性的改变固然耀眼，但对绝大多数大大小小的企业来说，从小处着手改善，让创新人人可为，或许才是真正的进化之道。

成大事者，都是精通人性的高手

何为人性？说得通俗点，其实就是 4 个字——趋利避害。对管理者和一把手而言，更要想明白，趋的是谁的利？是自己的利还是员工的利？避的又是谁的害？是自己的害还是员工的害？**常言道，**

管理就是管理人性，而要想管理好人性，就必须站在员工的立场上，想一想他们的利与害分别是什么。对管理者而言，真正的趋利避害一定是利他，这才是管理人性最底层的规律和逻辑。

在这方面，豪迈的种种举措可以说是做到了对人性的精准把控。

很多来豪迈参访过的人的第一感受是，这里好像是 20 世纪的大国企，有自己的幼儿园、小学、初中、职校、高中，还建了超市、医院、俱乐部和员工住宅，甚至还在筹备养老院的建设。在外人看来，这些事情不仅操心费力，与企业经营无关，每年还要支出一大笔运营和管理费用，如果从趋利避害的角度看，怎么也不是一件划得来的事。但张恭运有着自己的理解，在他看来，这些建设可以解决员工的后顾之忧，是企业稳健发展不可缺少的。

还有，在创新奖励方面，豪迈追求的是让当事人高兴、周围人热闹。发奖金其实是最笨的奖励办法，可以变着花样奖，比如奖饭票、奖水果、奖旅游、奖体检等，大奖小奖每年不计其数，还可以重复奖励。员工只要做出了创新改善，哪怕只是提出一个好建议，也会得到相应的赞赏或奖励。总之原则很简单，"赞得及时，奖得高兴"。

显然，豪迈频繁发奖的背后是对人性的精准把控，道理很简单，人人都喜欢被鼓励、表扬和肯定，厌恶被批评、惩罚和否定。尤其在创新工作上，当事人不仅需要费脑筋，还可能面临失败的风险、他人的嘲讽，无异于一次小小的冒险。**如果不宽容失败、鼓励创新，不能在团队中形成良好的氛围，按照"趋利避害"的常识，**

久而久之，人们就会对创新改善敬而远之，谁都不愿意干吃力不讨好的活，企业的创新便会陷入死寂。

张恭运喜欢用幼儿园发小红花的故事来解读发奖的逻辑：孩子若表现得好，老师就会在孩子的手上或脸上贴一朵小红花，回家之后，孩子都不舍得撕下来。即使奶奶剪再多的小红花，孩子也不会稀罕。只因为老师发的有含金量，那是通过自己的努力才能获得的。

此外，值得一提的是，豪迈很少设置 KPI 考核，这背后的逻辑依然是对人性的考量。举个直观的例子，如果唯目标导向、唯 KPI 治企，那 KPI 以外的事情就很难再让员工关注，毕竟做了也没用，像互助、诚信和创新等与业绩同样重要却无法写进 KPI 的事情就会愈加不受重视，最终损害的是企业自身。而且，未来的市场和环境都是难以预测的，僵硬的 KPI 大概率会使团队陷入围着数字转的内耗之中。张恭运调侃道："我一直觉得能搞 KPI 的领导一般都非同寻常，起码也是半仙级别，因为他们必须未卜先知。"

不得不说，成事的企业家都是精通人性的高手。

豪迈"三体"："有福同享，有难同当"

什么是共享？最通俗的解释就是"有福同享，有难同当"。但坦率地说，对绝大多数企业而言，这更像是一个美好却难以落地的愿景，为什么？因为其中存在一个几乎难以调和的矛盾：老板往往更倾向于少花钱，而员工则更希望企业多发钱。毕竟，从员工的角度来看，企业不是自己的，而是老板的，如果利益不能共享，凭什么有难要共担呢？

在这方面，豪迈的"三体"（三个共同体）理念或许能给企业界提供一些新的思考和启发。

第一是利益共同体。 每隔 2 年豪迈就会吸纳一批优秀骨干员工入股，让奋斗者共享公司发展成果，如今持股员工超过 5000 人。也就是说，只要一个员工符合豪迈股东评价的标准，无论什么岗位、学历和年龄，他都有成为股东的机会。

为什么力出一孔这么难？无非是企业里有无形的观念在阻挠，即"你的是你的（老板利益），我的是我的（员工利益）"。豪迈通过股权机制的建设，持续吸纳优秀骨干员工入股，既让更多的普通员工有了奋斗的劲头，也让员工与企业自发地拧成一股绳，毕竟股份就是真金白银，企业做得旺盛长久，大家都有得赚。

值得一提的是，早在豪迈成立之初，张恭运就号召员工入股，他当时就在反复思考："最好不要把企业办成老板单打独斗的舞台，那样不仅太累，风险也大。最好把企业办成一群人合伙合作、干事创业的平台。如果企业没有了绝对的控股者，那它就是一个合伙的公司，就会有许许多多操心决策的老板。如此一来，优势互补，千斤重担多人挑。估计有我这种想法的人不在少数。"

所以，在豪迈不要小瞧任何一名员工，无论仓库的保管员，还是厨房切菜的师傅，又或是保卫处的门卫，都可能是身家上百万乃至上千万的股东。

第二是事业共同体。事业不只是投资者和决策者的事业，也应该是全体员工乐见其成、为之积极奋斗的事业，要让所有员工都能在企业里找到成就感、责任感和使命感。

"努力把公司建设成员工实现自我价值、奉献社会的理想平台"，在张恭运看来，工作不应该只是为了养家糊口，还应该有快乐和收获感，这就要求企业尽可能地给予每一位员工尊重和关爱。所以，豪迈立下了"工作着、学习着、进步着，创造着、收获着、快乐着"的工作理念。

豪迈公司奉行的诚信文化就是一个很好的例子——相信员工的诚信，让员工自己做主。在豪迈，员工电话费、私车公用及差旅费等均可自主填写报销单，内部超市也无人值守，员工根据价目表自己刷卡付款。对外也是一样，销售没有提成，采购拒绝回扣，货款约定到账……这也让合作方感到特别踏实。

还有一个小故事可以佐证这一点。

1997年，张恭运处理一起员工打架事件，他把两个当事人叫到办公室，先是教育批评了一番，接着提出了一个意想不到的解决方案："你们俩每人出30块钱，共同去买糖，一起分发给厂里的所有人，这个事干不完不准干活。"为什么要发糖？张恭运是这样想的：发糖时，不明情况的人肯定会问"为啥发糖？有什么喜事吗？是结婚还是生小孩了……"。最后，在大家的呵呵一笑中，这两个人的关系自然而然得到了缓解，也使其他员工引以为戒，还顺带让大家甜蜜了一把。

直到今天，张恭运还经常强调：

"员工的热情就是企业最好的'风水'。"

"千万别瞧不起自己的员工。总觉得别人家的'媳妇'好，会是一件很麻烦的事。"

…………

第三是精神共同体。企业内部要形成统一的价值观，就游戏规则达成共识；通过价值观的统一实现力出一孔，通过游戏规则的制定让价值观落地和固化。否则，极易引起冲突和摩擦。对怎样看待规范、怎样看待创新、怎样看待利润等常见问题，内部要通过反复的宣讲和讨论，形成大概一致的认知，基本做到"物以类聚"。不然就容易出现一些很常见的冲突：比如一件产品赚钱了，研发部门说钱都是它赚的，技术很关键；销售部门说产品都是它卖出去的，粮食都是它打的；生产部一下子怒上心头说，"你们就是画画图纸动动嘴皮子，活都是我们干的"。

如何统一价值观、实现规则共识呢？张恭运建议向体育游戏规则学习：提倡什么，就奖赏什么；反对什么，就处罚什么。他举过一个例子：远距离投篮得 3 分，犯规抢球要扣分，严重者红牌罚下。他说："古今中外凡是代代相传的游戏，都是因为其游戏规则的设计特别符合人性且便于执行。若一群人分成两组拔河，就会热闹起来，如果一头拴在大树上，肯定索然无味。所以，作为一个企业管理者，我觉得要向体育界的各种游戏规则学习，一方面，要使规则符合人性的特点，有趣而好玩；另一方面，要把我们倡导什么、反对什么充分体现出来。"

认识"你是谁"比知道"你要去何方"更重要

这就是豪迈的蝶变之道，某种程度上，它暗合管理学大师吉姆·柯林斯的那句名言："认识'你是谁'远比知道'你要去何方'更重要，因为去何方会顺时而变。领导者会去世，产品会过时，市场会变化，新的技术会出现，管理时尚来了又去，但一个伟大公司的核心理念——公司指导方针和创新灵感的来源——却经久不衰。"

豪迈是谁？它的核心理念是什么？其实就是张恭运的那句创业初衷："努力把公司建设成我和伙伴们干事创业的理想平台。"为了实现这一初衷，为了让豪迈人能够更好地干事、创业，常识、创新、人性和共享等理念在这里持续地落地和深化，历经29年的积累和沉淀，才造就了这样一家低调务实的"隐形冠军"。常识、创新、人性、共享，没有一个是新奇炫酷的概念，甚至略显平淡和普通，但就是这样平淡、普通的概念，真正一以贯之做下来的企业，却少之又少。

一句话："非知之难，行之惟难。"

作者 | 夏昆

金
句

- 饭要一口一口吃，事要一件一件做，路要一步一步走，于企业而言，这同样是最基本的常识，是应该遵循的真理与本质。

- 对绝大多数大大小小的企业来说，从小处着手改善，让创新人人可为，或许才是真正的进化之道。

- 管理就是管理人性，而要想管理好人性，就必须站在员工的立场上，想一想他们的利与害分别是什么。

- 事业不只是投资者和决策者的事业，也应该是全体员工乐见其成、为之积极奋斗的事业。

- 员工的热情就是企业最好的"风水"。

第四部分
向 外 走

前有丝绸之路，后有下南洋，"海面"上从来不缺新故事。

"出海去！"伴随着全球化带来的新机遇，越来越多的中国企业开始探索出海的"新"路径：走出国门、全球布局已然成为很多中国企业开拓新商业版图的必经之路。但随着全球经济与贸易步入下行周期，"顶风出海"是中国企业在异国拼抢一席之地时必须面对的现实。

如果我们将时间轴线拉回到20年前，会发现类似的难题贯穿始终。在全球市场的浩瀚大海上，惊涛骇浪不少，疾风骤雨亦是必然，商业世界正是如此，唯有拥有敢为人先的勇气与应对挑战的智慧才能永立潮头。

在我们遴选的4篇企业出海的案例中，步步为营者有之，革新颠覆者亦有之，面对错综复杂的全球市场，它们心中无疑都已经有了各自的答案，持续增长的业绩即明证。

通过整合跨越欧亚大陆的业务一跃成为全球缝制设备行业的隐形冠军，杰克股份（简称杰克）用亲身实践证明，在全球范围内寻求资源和能力的创新组合收并购其实没有想象中困难；初见全球市场的错综复杂，洲明科技告诉我们，做简单的事即可达成目标，"我们卖了一块，又卖了两块，越卖越多，就变成全球布局的企业了"；国际品牌的打造长路漫漫，名创优品带来了开拓遍及世界的供应链体系的经验；面对当下急速变化的科技变革，SHEIN选择了巧妙应对，以快速迭代挑战传统的商业模式。

　　"虽千万人吾往矣"，在世界商贸的汪洋大海中，东方文明终将铸就具有中国元素的全新人类文明。

第 13 章

杰克股份：走出国门并购，走向隐形冠军

如果说有什么方式可以让一家企业的基本面在短时间内发生重大改变，跨国并购必属其中之一，然而跨国并购风险很高，一般认为成功率只有 30%，是典型的"双刃剑"。在浙江，一家经营缝制设备的企业却敢于收购欧洲 4 家行业顶尖企业，并成功地进行整合，成为全球缝制设备行业的隐形冠军——它就是总部位于浙江台州的杰克股份。

杰克股份为何敢于跨国并购，并且是连续并购？它是如何看待、管理风险并顺利实现业务融合、技术转移的？本文尝试揭示背后的秘密，为有志于跨国并购的中国企业提供参考。

杰克是谁

杰克的名字听起来洋气，但它却是典型的草根创业企业。20 世纪 80 年代，出身农民家庭的阮氏三兄弟阮福德、阮积明、阮积祥到东北修鞋，挣到了"第一桶金"，1995 年，杰克的前身——台州市飞球缝纫机有限公司成立。起点毫不起眼，29 年后这家公司却成长为全球缝制设备行业产销规模最大、综合实力最强的企业，产量和销售额的全球份额分别是 30% 和 20%，产品销往 160 多个国家

和地区，属于典型的隐形冠军。这 29 年可以粗略地分为 4 个阶段。

1. 从家用缝纫机转产工业缝纫机

最初，公司生产家用小包缝机，条件简陋，但阮氏三兄弟非常勤勉，很快做到营收千万元的规模。不过，他们很快发现，家用缝纫机遇冷，工业缝纫机兴起。1999 年 1 月 7 日到 9 日，公司全体骨干开了三天三夜的会议，决定转产工业缝纫机，做强自主品牌并进行管理制度的现代化改革，确立了"制度第一，总经理第二"的原则。

转产工业缝纫机并不容易，资金、技术、人才等都是瓶颈，尤其是技术。此时便表现出极强的开放性的三兄弟先后从我国天津和日本请来专家进行技术指导，短短几年，企业营收突破 1 亿元，并于 2003 年获得了《中国企业家》杂志评选的第三届中国"未来之星"——21 家最具成长性的中小企业之一的荣誉。顺便提一下，2001 年 7 月 25 日，公司正式从"飞球"改名为国际化色彩浓厚的"杰克"，即浙江杰克缝纫机有限公司。

2. 二次创业

2004 年，不满足于现状的阮积祥提出二次创业，目标是"到2008 年进入缝纫机行业前二"。杰克为此采取了一系列措施。

1）向标杆学习。研究和学习国内外优秀企业的管理实践经验。

2）优化管理团队，构建职业经理人制度。阮氏三兄弟逐步退出管理岗位，提拔年轻人，杰克将引入的第一个大学生、年仅 28 岁的郭卫星提拔为总经理，并引入有着"国内缝纫机行业职业管理第一人"之称的赵新庆担任董事长，赵新庆带领十多人的团队加盟杰克。

3）持续引进丰田生产系统（TPS）、平衡计分卡（BSC）绩效考核体系、集成产品开发（IPD）体系、SAP-ERP 等新的管理理念和创新工具。

4）提出"战略产业链"理念，与产业链上下游合作伙伴共同成长、共赢发展。

5）加强营销体系建设，确立"快速服务"的品牌特性定位，形成区别于同行的竞争优势等。

杰克还积极开展一系列并购，包括收购上海一家专注厚料缝纫机的企业（2003 年），收购江西吉安机床厂（2004 年），以及收购电机和电控生产商宁波众邦（2008 年）。最引人瞩目的是在 2009 年一举收购德国拓卡（Topcut）和奔马（Bullmer）两家世界一流裁床企业，这是在行业形势非常不利的情况下进行的并购，意义重大。阮积祥说："整个行业对杰克刮目相看，品牌知名度一下子就打开了。"

内外兼修造就了杰克强劲的韧性：2008 年金融危机，全球缝制设备行业销售额下跌 48%，杰克下跌 32%；2009 年全球销售额下跌 20%，杰克上升 11%；2010 年行业整体回暖时，杰克率先实现 141% 的增长，一跃成为全球缝纫机销量第一的企业。

3. 战略聚焦，服务中小型客户

销售规模登顶之后，杰克的成长势头明显不足，2012年，杰克的营收同比下滑超过20%。问题出在哪里？在国际著名战略定位咨询公司里斯（Reis）的帮助下，杰克对问题进行了诊断，发现过去几年企业规模上来了，但产品线布局分散，产品线繁杂，多品牌运作，高中低均有，失去了战略焦点，竞争优势不突出。解决方案就是战略聚焦：聚焦中小型客户，聚焦杰克品牌，聚焦快速服务。

战略调整效果显著，2013年杰克实现50%的高速增长，远高于行业平均水平，在国内市场更是实现超过100%的增长，再次取得全球产量第一、销售额国内第一的佳绩。

4. 上市后的发展

2017年1月，杰克缝纫机股份有限公司在上交所主板挂牌上市，简称杰克股份（股票代码603337），2021年更名为杰克科技股份有限公司，简称不变。上市后不久，杰克就有了大动作：2017年、2018年先后并购全球唯一的衬衫智造设备企业意大利迈卡（Maica）以及全球领先的牛仔服装自动化设备企业意大利威比玛（VBM）；2018年收购安徽杰羽，进入制鞋机械领域；2019年与上海欧洛特合资进入吊挂领域；2020年借由子公司拓卡奔马收购深圳灵图慧视进入智能验布领域。在这个阶段，杰克还发布了自主研发的服装智能生产管理系统。这一连串动作的战略指向很明确：覆盖更长的客户价值链，推动杰克从智能缝制设备制造商向服装智能制造成套解决方案服务商转型升级。

2018 年，杰克的销售额首次超越国际同行，成为名副其实的行业第一、世界第一。

以跨国并购为杠杆，助推战略转型升级

中国企业的跨国并购有很多类型，最有战略价值的就是获得对方拥有的战略性资源和能力，特别是技术和品牌，以其为杠杆实现转型升级的战略目标，摆脱价格战陷阱，实现高质量发展。杰克股份的并购就是如此。

并购前，杰克股份面临的是行业竞争胶着的形势，生产的缝纫机系列产品与同行并无明显差异，技术含量不高，价格是竞争焦点，利润微薄，如何破解？自己制造的设备卖两三千元，日本重机的设备却可以卖上万元，差距如何缩小？

杰克管理层的判断是必须进行国际化，提高技术水平。21 世纪初期，中国企业掀起了历史上第一波跨国并购浪潮，TCL 收购法国汤姆逊的电视机业务、阿尔卡特的手机业务，上汽收购韩国双龙，联想收购 IBM 的 PC 业务。恰在其时，缝制设备行业领导者上工申贝迈出第一步，2005 年收购德国杜克普爱华（DA）缝制机械公司，准备基于其技术向高端缝纫机进军。在这样的氛围下，杰克对跨国并购产生了兴趣，2006 年年底尝试收购欧洲最老牌的缝纫机制造企业德国百福（PFAFF），但由于种种原因，最终没有收购成功。

2008 年的金融危机是"危中有机"。尽管宏观环境乌云笼罩，阮积祥却认为机会难得，再一次尝试收购陷入破产状态的百福，可惜由于德国政府干预，仍未成功。不过他们很快发现了新目标，2009 年成功收购拓卡和奔马，终于"抱得美人归"。这是中国缝制设备民营企业的第一次跨国并购。

奔马成立于 1933 年，是一家全球超高精度裁床供应商，被称为"裁床界的奔驰"。它依靠强大的研发与工匠能力，制造出世界上裁剪区域最大、裁剪速度最快的裁床，还通过全自动验布系统、铺布系统、打标系统、裁剪系统等组合形成了智能裁剪线，可以满足客户对裁剪高度及物料长度的个性化需求。拓卡成立于 1958 年，创始人曾在奔马工作，拓卡继承了奔马的技术精髓，拥有顶级的自动裁床技术，在皮革切割系统领域和复合线材加工方面处于世界领先地位。

从缝制设备产业链（见图 13-1）看，杰克原本的产品线主要集中在缝中设备，上游则延伸覆盖电机、电控等，这两次并购将杰克的产品线从缝中设备拓展到缝前设备，对客户价值链的覆盖得以延伸，让杰克成为全球唯一一家覆盖缝前设备和缝中设备的企业。与缝中设备相比，缝前设备在中国市场的渗透率低得多，自动化设备很少，可以说是一片"蓝海"，潜力很大。

并购也给拓卡和奔马带来了质变，让它们从以欧洲市场为主的德国企业成长为业务遍及全球的跨国企业，可以说，并购重新激活了这两家老牌企业，也点燃了杰克打造百年"奔马"的梦想。

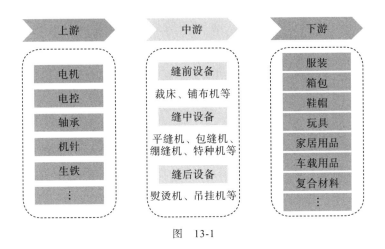

图 13-1

2017 年和 2018 年，杰克股份又先后收购了意大利的迈卡和威比玛，前者作为全球唯一一家自主生产成套衬衫自动化设备的供应商，拥有最完善、最先进的衬衫流水线自动化设备制造能力，后者是全球唯一一家自主生产成套牛仔自动化设备的供应商，是牛仔裤工业缝纫机的领军企业。这两家意大利企业看重杰克的影响力、规模和销售、服务网络，希望通过杰克的帮助更加靠近全世界最大的纺织服装生产中心。而从杰克的角度看，两家意大利企业丰富了杰克的自动化和智能化产品品类，带来了先进的技术和强大的品牌，为杰克向智能制造成套解决方案服务商转型提供了很大助力。

跨国并购如何成功？杰克有秘诀

跨国并购取得成功是否有秘诀？答案是既有秘诀，也没有秘诀。

所谓有秘诀，是指确实有一些经过验证的原则、模式和方法来指导并购。所谓没有秘诀，是指企业本身存在差异，有些企业深刻理解并购与整合，掌握了有效的原则、模式和方法，应用时很自然，而且能灵活创新，自成一派；有些企业却抓不住关键，或者即使知道一些原则、模式和方法也未必能用好。归根结底，这与企业家的修为和企业的组织能力关系甚大。

杰克在交易时运用了很多方法。比如，为了避免德国政府干涉而重蹈覆辙，它先收购了拓卡，再通过拓卡收购奔马，相当于一家德国企业收购另一家德国企业，果然很顺利。更关键的是并购后整合。杰克虽然成功完成交易，但潜在风险很多，比如德国管理层和员工对中国企业不信任，担心技术转移让自己失去工作；两国文化有差异，德国人认真严谨、严肃刻板，中国人更灵活、对效率更敏感；企业管理模式存在差异；德国工会非常强大等。

这些风险也是所有中国企业跨国并购都会遇到的问题，幸运的是，杰克有效地化解了这些风险。针对信任问题，杰克委派担任过印度大区负责人、国际运营经验丰富的郑海涛赴德国沟通，谋求建立信任关系，用实际行动证明共生共赢的决心。2009年收购拓卡奔马，运营了两年后进一步增资扩大运营，员工不断增加，彰显长期发展的雄心伟略。杰克还邀请拓卡奔马的德方管理层到上海、北京参观，他们深为现代化的中国所震撼，到杰克股份实地参访后也感受到杰克的强大实力和专业性，消除了对杰克的偏见，信任度大为提高。这为后续的并购与整合奠定了良好基础。

阮积祥曾说，中国企业要想全球化发展，必须遵循"尊重、互信、共赢"原则。对此，我非常赞同，因为它非常匹配之前基于大量跨国并购案例提出的SMC模型（见图13-2）：企业并购想要取得成功，关键在于并购战略（S，M&A Strategy）、整合模式（M，Integration Mode）与整合能力（C，Integration Capability）之间的协调配合。

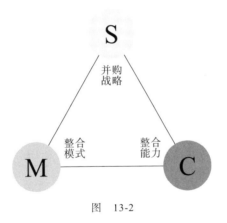

图　13-2

杰克跨国并购成功，正是由于它根据并购双方的实际情况发展出了属于自己的协调匹配模式，可概括为"战略突破，互补协同；共生整合，持续进化；软硬兼施，能力支撑"。

1. 并购战略：战略突破，互补协同

这些跨国并购具有强烈的战略导向，符合杰克的发展战略，互补性突出。两家德国企业、两家意大利企业的共同特点是历史悠

久，技术积累深厚，发明专利众多，拥有专业能力强的资深工程师、技师队伍，拥有世界级品牌声誉，但在成本控制、市场触达上存在问题，距离世界服装制造中心的亚洲较为遥远，营销渠道和服务网络跟不上，再加上金融危机冲击，导致经营状况不佳甚至破产。

反过来看，这些欧洲企业的不足恰恰是杰克的长处，它有优秀的生产制造能力和效率、广泛的营销和服务网络覆盖、行业中独树一帜的快速服务能力，同时又非常渴望德国和意大利的技术和品牌，希望借此实现"向上突破"。它们的结合实际上创造了新的"物种"——既不同于欧洲企业，也不同于中国企业，是两者优势的重新组合。当然，协同潜力需要有效的整合过程来释放。

2. 整合模式：共生整合，持续进化

欧美企业在跨国并购后通常采用强势的"吸收合并"模式，在短时间内按照自己的框架和结构改造对方，但考虑到并购对象有历史长、规模大、品牌响、人才关键等特点，中国企业并购欧美企业后通常采用"轻触式"整合模式——保留原管理团队以及较高的经营自主权，或者采用隐性整合模式——表面上不进行整合，而在目标追求、组织文化等隐性层面上推进整合。

我建议中国企业在跨国并购中遵循三个原则：第一，互利共生，将并购看作平等合作，充分发挥各自优势，寻求创造协同机会；第二，"以洋治洋"，早期保留外方管理层，或引入国际职业经理人，再慢慢引入自己人；第三，"以时间换空间"，强调阶段性推

进，放缓并购或整合节奏，让变化慢慢发生，积量变为质变。联想并购 IBM 的 PC 业务、吉利并购沃尔沃等的整合过程，都体现了对这些原则的成功运用。杰克并购后的整合实践也完美地匹配了上述原则。

如何互利共生？在并购初期，杰克设法在双方之间形成共同利益。比如邀请第一任德方总经理持有 25% 的股份，让他与杰克变成利益共同体，那他自然有动力利用杰克的优势协同发展。另外中国业务营业额的一部分会返回德方，相当于技术转让费，这也提高了德方配合技术转移的积极性。

如何从"以洋治洋"到"中洋共治"？在整合初期，出于对文化差异较大和稳定过渡的考虑，杰克只委派了财务经理，保留了德方原总经理，给予他非常高的自主权，由此度过了平稳的 3 年。2012 年，杰克考虑到有必要加大整合力度，于是将德方一位年轻的副总经理提拔为新任总经理，以原总经理为顾问；拓卡奔马中国公司的总经理担任德国公司的副总经理，而德方的管理人员也担任中国这边的一些职务，交叉工作，有力地促进了中德双方管理、研发、生产和采购上的协同。现阶段则是"中洋共治"，拓卡奔马的总经理已经是中国人了。

"以时间换空间"的原则在杰克整合奔马的过程中表现得非常突出。

先是学习阶段。技术转移是实现协同的核心。最初德国工厂的图纸拿过来,杰克的技术人员都看不懂,因为国内外连基本的公差(精度加工要求)标注方法都不同。怎么办?去德国跟着"师傅"学。杰克先后派 6 批技术人员到德国工厂,举行拜师仪式,请"师傅"手把手地教。这些员工后来成了技术转移的关键以及未来研发的主力,他们通过文档化、数字化在国内进行技术转化,提高产品国产化率。

然后是并行阶段。2009 年杰克收购拓卡和奔马,将两家企业重组为德国拓卡奔马公司,2010 年在台州建立中国拓卡奔马公司,双方在生产制造上形成分工侧重:德国工厂主要做高端、定制化产品,提供解决方案,而大批量标准化生产、一些高端产品的零部件生产放到国内。中国工厂在学习吸收德国技术的基础上,不断提升裁床等高端产品的国产化程度及成本竞争力。2012 年,杰克还设立了中德运营中心来协调在中国和德国的两家企业。

最后是一体化阶段。2018 年,在"一个奔马"的战略定位的要求下,两家企业的经营和管理融为一体。除了两个生产基地,还在德国、中国的浙江临海和陕西西安三地分别建设研发中心,拥有来自德国、法国、中国等 12 个国家的研发人才,协同研发,技术共享。值得一提的是,杰克在这个阶段开始向德方进行深度"管理输出",让德国人理解和接受杰克的发展战略、管理模式。比如,原来德国员工的收入都是固定不变的,但是通过努力,业务部门率先接受了 KPI 考核方式,激发了员工积极努力的劲头。

3. 整合能力: 软硬兼施, 能力支撑

如果说整合模式解决的是"做什么"的问题, 是对整合过程进行规划和安排, 那么整合能力解决的则是"怎么做"的问题, 包括由谁去做, 方法是什么, 有哪些组织流程、工具和方法等。不同的整合模式需要企业具备不同的整合能力。

杰克表现出很强的整合能力, 其中既有"硬"的部分——杰克在过去几十年的发展中形成的制造、研发、销售和服务能力, 使它能够"接得住"与被并购企业整合的任务, 比如向德国企业学习和吸收技术知识的能力、与德方进行协调的生产制造管理能力、与德方协同开发的产品研发能力; 也有"软"的部分——包括开放和包容的企业文化、与现代接轨并具有杰克特色的管理理念与管理系统, 比如并不是每一位企业家都能发自内心地认可和贯彻"尊重、互信、共赢"原则, 但杰克的领导者做到了, 再如杰克在 2003 年引入了 SAP-ERP 系统, 而奔马恰恰用的也是 SAP-ERP 系统, 这样在软件层面上就很容易实现管理对接。

关于整合能力的来源, 主流看法是通过并购积累经验, "干中学"。除此之外, 我认为还与企业本身的一般性的组织和管理能力直接相关。2009 年收购拓卡和奔马对杰克来说是第一次跨国并购, 是一个全面的"考验", 是对它过去十多年成长中积累的组织能力的考验。跨国并购"没秘诀", 真正的关键是隐身于可见的整合过程之下的力量。

成功没秘诀，水到而渠成

我尝试以一张图（见图 13-3）勾勒出杰克的成长曲线及其背后的支撑力量，最上层是 4 条相继而起的成长曲线，下面分别是战略决策、组织建设以及领导与治理。正是杰克 20 多年来在这些底层力量上的持续投入和优化，让它有了足够的实力来实施并购后的整合。

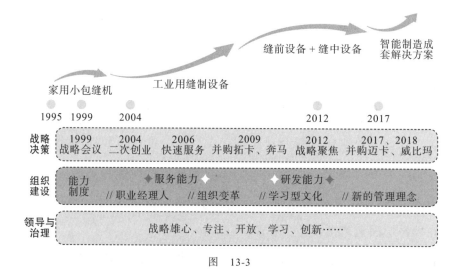

图　13-3

企业的成长过程看似复杂，但其节点就是几次关键的战略决策。前文介绍的杰克发展历程让我们看到了杰克是怎样通过一次次战略转型升级发展壮大起来的。可以说，1999 年以来，杰克几次关键的战略决策都带领企业走在了正确的方向上。

"战略决定组织，组织跟随战略"，组织的活力和能力决定战略决策能否达到预期目标。与华为类似，杰克很早就意识到组织建设的重要性，非常舍得投入，从 2000 年起，杰克每年都会投入数百万元甚至数千万元，与咨询公司、外部专家合作开展管理咨询项目，引入新的管理理念、工具和方法。杰克股份精心构建的两大组织能力，更是不断超越同行的"法宝"。一是研发能力，在这样一个传统行业，杰克股份近年的研发投入高达营收的 7% 以上，在德国、意大利及中国台州、杭州、西安等地设立 14 个研发中心，拥有 1200 多名研发人员。截至 2022 年年底，公司有效专利 2601 项，其中发明专利 1098 项，在行业内遥遥领先。二是"快速服务100%"的服务能力，杰克的销售和服务网点有 8000 多个，联合经销商建立了规模 20 000 余人、覆盖全球 160 多个国家和地区的服务团队，建立了面向客户的端到端 ITR（Issue to Resolution，从问题到解决）流程体系，实现产品全生命周期服务，为客户提供"急救服务＋主动服务＋增值服务"，在行业中也是遥遥领先，连续多年荣膺"全国售后服务十佳单位"。

领导与治理是杰克成长曲线最底层的动力之源。一个卓越的领导者与一个普通的领导者的区别是，卓越的领导者既要有"大我"，又要做到"无我"。"大我"是指有壮志雄心，目标高远、见识超卓，深悉事物发展规律；"无我"则意味着谨慎对待人性（尤其是自我）的弱点与暗面，比如权力、名声、利益对人性的腐蚀，避免自我利益凌驾于企业长远发展的利益之上。

杰克的灵魂人物阮积祥就符合这样的特征。在"大我"方面，2004年他提出"到2008年进入缝纫机行业前二"；2013年他发出豪言，"到2017年成为全球最大的缝制设备制造商"，在企业里引发很大震撼，形成巨大的感召力与奋斗信心。他在企业内部的花名叫"北斗"，所有员工都这样称呼他。为什么叫"北斗"？因为阮积祥总是能够站在杰克之外看杰克，从更高的视角看杰克，更好地规划战略发展方向。当意识到不足时，他非常愿意学习和引入外部力量，除了频繁开展管理咨询，他自己还到清华大学、中欧国际工商学院等地学习深造。2006年，杰克居然聘请西安标准的原董事长赵新庆做董事长，阮氏兄弟对他高度信任，赵新庆尽心尽力，在战略决策与管理优化上发挥了重要作用。试问，还有哪家民营企业会请一个外来的没有股份的人做董事长？！

阮积祥的"无我"首先体现在自我克制与修炼上。他推崇"戒贪"，认为很多企业失败都是因为贪婪，因此从不抽烟、不喝酒入手，戒除一切喂养贪心痴念的不良习惯。在业务层面上，他的"无我"体现为专心专注，被问到杰克为何成功时，他讲得最多的就是"笨"，是"战略聚焦，专心专注"。在管理上，他的"无我"则体现为强化团队与集体，愿意分享权力，组建高管团队，并从2017年起开始实施轮值执行CEO制度。

以上分析揭示了企业成长的复杂性、系统性，也让我们对杰克的跨国并购能够取得成功的原因有更深刻的理解：重剑无锋，大道无形，水到而渠成。这与杰克人非常看重的"和、诚、拼、崛"企业精神息息相通。某种程度上，一切秘密都隐藏其中！

结语

杰克的跨国并购案并不是最大、最复杂的，但恰恰是这一点，让它有了更普遍的示范价值：跨国并购为中国企业提供了一个机会，即在全球范围内寻求资源和能力的创新组合，形成"中国优势＋外国优势"的新优势。至于跨国并购后的整合，杰克带来的最重要的启示是：要讲究方法和诀窍，更要在战略层面上保持专注，积累深厚的组织能力，这才是根本所在。

每一家想要跨国并购的企业都是有梦想的企业，希望大家能从杰克的案例中得到启迪，找到属于自己的路。

作者 | 程兆谦　浙江工商大学管理案例中心主任

金
句

- 跨国并购取得成功是否有秘诀？答案是既有秘诀，也没有秘诀。所谓有秘诀，是指确实有一些经过验证的原则、模式和方法来指导并购。所谓没有秘诀，是指企业本身存在差异。归根结底，这与企业家的修为和企业的组织能力关系甚大。

- 企业并购想要取得成功，关键在于并购战略（S，M&A Strategy）、整合模式（M，Integration Mode）与整合能力（C，Integration Capability）之间的协调配合。

- "战略决定组织，组织跟随战略"，组织的活力和能力决定战略决策能否达到预期目标。

- 领导与治理是杰克成长曲线最底层的动力之源。一个卓越的领导者与一个普通的领导者的区别是，卓越的领导者既要有"大我"，又要做到"无我"。"大我"是指有壮志雄心，目标高远、见识超卓，深悉事物发展规律；"无我"则意味着谨慎对待人性（尤其是自我）的弱点与暗面。

- 至于跨国并购后的整合，杰克带来的最重要的启示是：要讲究方法和诀窍，更要在战略层面上保持专注，积累深厚的组织能力，这才是根本所在。

第 14 章

洲明科技：走出去，海阔天空

2021 年 10 月，一场盛大的开幕式在沙特阿拉伯首都上演，宣告为期半年的"利雅得季"（Riyadh Season）正式拉开帷幕：2760 架无人机变幻着阵型，被 LED 显示屏包围的建筑流光溢彩，川流不息的人群来回穿梭……在裸眼 3D 的映照下，这座原本风格单一的沙漠城市化身为会客厅，沉浸在欢乐的海洋里，昼夜狂欢。Doug Barnard，一位知名的 YouTuber 兴奋地表示："这让我想起了时代广场，做得真的很出色。"

利雅得季是沙特史上最大规模的娱乐活动，项目中超过 7000m² 的 LED 显示屏及其全部创意设计内容均出自一家中国企业——洲明科技之手。从商务接洽、确定视效方案到安装调试、制作创意内容，洲明科技完成全部项目仅花费了 60 天的时间。

洲明科技是一家 LED 应用产品及解决方案供应商，利雅得季即其打造全场景沉浸式文旅体验的典型案例之一。除此之外，洲明科技的身影还曾出现在武汉三镇之眼、杭州国家版本馆、新加坡逛街圣地"乌节路"、英超联赛、卡塔尔世界杯、杭州亚运会等处。2022 年那场惊艳世界的北京冬奥会开幕式，可以随着小朋友走动而出现雪花效果的 LED 地砖显示屏，也是洲明科技的产品。公开数据显示，洲明科技 LED 显示屏的销售额和出货面积已经连续 6 年保持行业第一，上市以来，其营业额也从 2012 年的 6.07 亿元增长到了 2022 年的 70.76 亿元，实现了 "10 年 10 倍" 的跨越式增长，2022 年海外市场的营业收入占全年营业收入的比例接近 60%。

实际上，洲明科技的出海史已近二十年。谈及全球化，鲜少接受采访的创始人林洺锋显得格外真诚恳切，他反复强调，中国企业已经到了必须做国际市场的关键时刻，要把握住当下这个难得的历史性机遇，走出去。"从中国产品向中国品牌升级是必须的。如果这时候不升级，只是把国内市场做好就沾沾自喜。那对不起，这样不仅会失去国际市场，也会失去国内市场。"

"这个世界上谁要这个产品？客户用什么媒介来了解我们？他们的购买渠道是什么？我们的产品是否满足了他们的期待？就这么简单。"林洺锋说，不要把全球化想得那么复杂，洲明科技做得很简单，"我们卖了一块，又卖了两块，越卖越多，就变成全球布局的企业了"。

企业要想发展，就得有拓展边界的雄心

20 世纪 90 年代，发达经济体的信息技术快速发展，部分资本与技术密集型产业的生产制造环节开始向中国等发展中经济体转移，全球第 3 轮产业大迁移轰轰烈烈地开始了。

当时，年仅二十多岁的林洺锋正在职场里摸爬滚打。在通用电

气做过实习生，也做过软件开发、系统集成等电脑生意，他却始终觉得"差点意思"：每天晚上翻来覆去，总觉得自己在浑浑度日，没什么意义，拼搏的动力也不够。

"如何才能把生意变成事业？"思来想去，他为自己的职业方向定了3个目标：第一，不再做贸易公司了；第二，希望立足新的领域，创办的企业要能帮助社会进步；第三，能在这个行业做到数一数二。

林洺锋将目标转向了在大街上随处可见的LED店铺招牌上。LED又称发光二极管，在当时是一种新型半导体固体发光器件，其基本结构为一块电致发光的半导体材料。它可以直接把电能转化为光能，因此同时具备了半导体属性和照明属性。2000年开始，LED行业的产能中心从中国台湾地区和韩国向中国大陆地区转移。

朋友对林洺锋的这个决定表示不解：这个行业规模小，产品不稳定，三角债现象又十分严重，有什么好做的？但林洺锋坚持认为，选择实业可以推动社会进步，而且虽然LED行业刚刚起步，但LED的发光技术是一场光源革命，能够替换世界上大部分光源，远景无限，"是值得我一生为之努力的事业"。

2004年，林洺锋处理掉手上其他几家公司，把所有重心都转向LED，成立了洲明科技。刚成立不久，他就开始在谷歌上做广告，很快便接到了第一份订单，这份订单来自乌克兰，需求是购买全彩屏。

"当时我连全彩屏都没见过。"林洺锋说。LED 是通过控制红、绿、蓝三色灯珠的亮灭来运行的，可以显示文字、图形、图像等各种复杂信息。三种灯放在一起作为一个像素的显示屏被称作"三色屏"或"全彩屏"，但当时中国市场上的主流产品是仅有红色和绿色两色的 LED"双色屏"。

当时林洺锋的英文水平不怎么样，只能靠查字典回邮件做报价，后来邮件越写越多，英语词汇量的限制让他明显变得力不从心，他就找隔壁英文好的小姑娘帮忙回复。就是这样，洲明科技将第一块全彩屏卖到了乌克兰，开始了国际化之路。

但事实上，国际化远不止这么简单，走通这条路绝不是仅靠创始人的一腔孤勇，而是更需要集体的共同努力。

谢红梅即其中之一。2011 年，上市后的洲明科技对增长目标提出了新的要求，洲明科技销服体系的负责人谢红梅肩负使命，踏上了艰难的国际市场破冰之路。当时还是 2G 时代，一方面，国外的主流社交软件 Facebook、领英等在中国市场并不流行，他们常常感觉联系客户无门，无从下手；另一方面，洲明科技的品牌在国外认知度很低，没有前例可参照，处于孤立无援的境地。挑战之大，可想而知。

但就是在这样的情况下，谢红梅坚持不懈地通过谷歌、黄页搜索，一遍遍地递名片、约订单，洲明科技的国际市场也正是靠最原始的电话、短信、邮件等通信手段一点点"破冰"的。比如说，

2013 年，谢红梅得知法国当地将举办一个有影响力的展会，她便马上去到了现场。敏锐的她察觉到一家可能有用屏需求的公司，便上前递交了名片，事实上，早前她曾通过邮件约过这家公司很多次，却都石沉大海。有趣的是，在展会上递交名片后的第二天，她便收到了回复的邮件。经过一系列顺利的沟通，洲明科技最终接到了这笔订单，后来她才知道这是该公司第一次从中国买屏。

不少企业在拓展未知的海外市场时有障碍，但以洲明科技的实践经验来看，很多时候最关键的是要有"走出去"的勇气。

要想获得更好的发展机会，要有格局，有视野，"（这）体现在对拓展边界的雄心上"。在一次新员工与总裁面对面的座谈会上，林洺锋鼓励员工放眼全球，不断拓展边界。他说，印度的潜在市场很大，包括新德里在内的很多城市洲明科技都还没有布局，"未来我们会在印度建自己的厂，会聘用很多印度员工"。他鼓励员工要有"开疆拓土"式的抱负，"今后大家的握手对象很可能是所在国的外交部部长甚至更高一级的领导人"。

如今，洲明科技的营销网络已覆盖 160 多个国家和地区，与5400 多家经销商达成了合作，成立了 20 余家海外分子公司及办事处，包括美国、德国、西班牙等分公司。

技术出海，先练内功

2023 年，美国拉斯维加斯推出了一个"魔幻球"，这个球形建筑高 112 米，最宽达 157 米，表面是 LED 灯珠，内里则是沉浸式演艺舞台。一时间，这个花费 23 亿美元打造的世界最大的 LED 球屏轰动世界，成为人人谈论的焦点。

　　类似的 LED 球屏也在 2022 年利雅得狂欢季的启动视频上出现过，视频中被誉为"埃及梅西"的世界级足球巨星穆罕默德·萨拉赫手持一个圆球模型，该圆球模型对应的实体建筑位于利雅得一处被称为 Boulevard World 的游乐园，是沙特首都的新地标（见图 14-1）。

图　14-1

资料来源：洲明科技。

　　这座新地标也是一个由 LED 组成的超大圆球形屏幕，直径达 35 米，仅钢结构就重达 500 余吨，打破了当时的吉尼斯世界纪录。

值得一提的是，市面上的 LED 显示一般以平面为主，圆形屏的设计、安装、调试一直是行业难点，但洲明科技却在 45 天的时间内完成了交付。举个简单的例子，球体造型外围屏幕的全贴合安装是业内公认的技术难题，洲明团队创新性地采用了"割圆法"精确测量造型外围弧度，最后通过定制方形、梯形、三角形三种构型的模组，实现了球体外围屏幕的全贴合安装。

不同于 LED 产业上游的材料、设备，中游的芯片制造，更偏重下游应用的洲明科技深感客户需求的重要性，"与国内的人情社会不同，海外客户更看重产品、服务能力和品牌能力"。林洺锋坦言，相较洲明科技开疆拓土的 2G 时代，网络技术的发展让企业与客户的联结变得更容易了，企业只要有走出去的意愿，就可以跟着产业链一起走出去，洲明科技即共建"一带一路"的深度参与企业。"但是，中国企业必须要在出海之前练好内功，首先产品要符合目标区域市场的要求，具备技术领先、成本领先、服务领先的核心竞争力"，他认为，企业家要做全球市场，就要想办法要做到前三，这样才有竞争力。

即便如此，不少中国企业在面对陌生的全球市场时往往感觉无从下手，迟迟无法迈出第一步。洲明科技的经验是，可以从文化入手，"既要了解不同国家的规则，即理性的一面，也要通过文化了解感性的一面，然后再去定义商业模式"。林洺锋说，在发力新市场前，第一步可以先通过短视频、网络来进行沟通和联结，了解客户的文化，通过网络调研发现他们对产品是否有需要；第二步再看他们通过什么方式购买；等到第三步，企业就可以在客户"能找到的方式"中做尝试。也就是说，通过清晰的调研，了解清楚客户需求、对手的情况这些基本信息后，再在此基础上定义清楚自己的定位和方式，这样开展跨国业务就会比较容易。

因此，在做产品时，洲明科技就会带着客户思维，结合客户需求来设计产品，"要想着我们这个产品在全球谁会要，哪里要我们就往哪里去"。例如，洲明科技的产品多是工程类的，不仅需要方便现场安装，也要便于事后拆卸。演唱会就是 LED 屏的典型使用场景，客户需要在演出前把 LED 屏搬到现场安装，结束后再拆掉。开始时洲明科技的设计师按照中国人的手的比例为标准做设计，结果发现不方便手形较大的欧美客户使用。发现问题并及时迭代产品，这些都是需要更贴近客户才能做出的应对。

当初洲明科技走出去，先进军的是欧洲市场，接着进军的是美国市场，最后再打回东南亚市场，原因是林洺锋认为，欧洲市场对产品更看重，"先打难打的。"他说，中国企业能在某个领域的"从1到N"阶段领先，本质上其实也是因为国内有着丰富的应用市场，客户的需求多种多样，企业离市场更近，可以根据客户需求快速迭代，也更容易向高质量发展阶段过渡，"总是在产品上领先于同行半年、一年，这个时候经营就好做了"。

尤其在全球市场竞争愈加激烈的今天，知识产权已经成为企业绕不开的国际游戏规则。没有核心技术、自主知识产权和勇于"亮剑"的底气，企业将寸步难行。

譬如，洲明科技在 2008 年就曾遭遇过知识产权危机。当年的 3 月 27 日，美国一家 LED 显示屏企业 Ultravision 向美国国际贸易委员会（ITC）提出 337 立案调查申请，主张对美出口、在美进口和在美销售的部分 LED 显示面板及其组件产品侵犯了其专利权，请求其发布普遍排除令和禁止令。实际上，Ultravision 拥有的两个专利以防水结构为主要诉求点，并非显示屏核心技术，也没有实质性的保护效能，而且早在其专利提出前，中国多家 LED 显示企业具有该专利特征的产品就已经在美国市场销售。尽管如此，两个月后，ITC 仍然投票决定接受起诉方的申请，启动 337 调查，调查对象涉及包括洲明科技在内的几乎所有 LED 显示屏主要企业。此后，Ultravision 还在短时间内同时增加了十余项涉诉专利。

面对缺乏事实根据的起诉，"原本只要付出一美元就可以和解，但是为了保护中国 LED 行业的发展，我选择积极应诉"。作为领头企业之一的领导者，林洺锋决定，迅速联系其他 LED 企业提供翔实证据，积极联合应诉。耗时 3 年，投入高达几千万元的诉讼费，洲明科技最终取得了胜诉，扫清了中国 LED 显示企业在美国市场以及全球市场上的专利障碍，突破了欧美垄断，中国 LED 行业从此踏上了国际化发展的高速列车。

目前，洲明科技在国际市场上已占有较大的市场份额，打破了发达国家企业技术和专利的长期垄断。数据显示，洲明科技不仅在 LED 舞台显示技术及市场上"占有率全球第一"，在电影电视领域的虚拟场景制作与显示技术方面也全球领先，市场占有率达到了80% 以上。此外，截至 2023 年 12 月 31 日，洲明科技累计获得专利授权 2961 项，版权登记 292 项，商标布局 200 多个国家和地区。

三个经验，制胜出海本地化

在进军每个国家前，调研此前中国企业在该国市场上的折戟经验是林洺锋必做的功课。在研究了多家企业失败的案例后，他得出的结论是，出海企业败北的原因通常有三个：一是产品没有核心竞争力，二是过分依靠低价打市场，三是没有建立起本地化的服务能力。最后一个原因是非常重要的。

不同的国家有不同的文化、不同的法律法规，也有着不同的成本、不同的需求。北美市场拥有发达的科技产业和消费市场；欧洲市场注重环境保护和可持续发展；亚洲市场则拥有庞大的人口基数和快速发展的经济，对价格合理、性能稳定的产品有较高的需求。

如何建立起最经济、最有效的服务网络服务全球？林洺锋坦言，这是他一直在思考的事情。

出海近二十年，洲明科技积累了三个本地化经验。

一是可以建立本地化的团队。以美国市场为例，团队中总经理是美国本地人，首席运营官是中国人。这样中美一结合，一方面可以解决内部沟通问题，另一方面还可以解决客户沟通的问题，联结就畅顺多了。

二是与当地的渠道商建立紧密联结。扎根当地市场，建立稳定的销售渠道是提升产品的供应链效率、确保企业更好地覆盖目标客户群体的有效方法之一。截至 2023 年 12 月，洲明科技已与 5400 多家经销商达成合作，成立了 20 余个海外分子公司及办事处，其营销网络已覆盖全球 160 多个国家和地区，在全球打造了一大批"出圈"地标。

三是与当地政府合作以融入本地。利雅得季就是最典型的例子，它不仅是沙特史上最大规模的娱乐活动，同时也符合沙特"2030 愿景"——从石油依赖转向多元化经济发展。

2016 年，沙特政府提出"2030 愿景"，希望旅游业能成为未来支柱型的产业之一，为经济带来 15% 的 GDP 贡献。2019 年首届狂欢季持续了三个月，经济拉动效应显著。2021 年，利雅得季活动区域超过 90 万 m^2，拓展为 2019 年首届活动的 3 倍，以期利用 LED 显示、裸眼 3D 等在内的创意接待包括 50 万名国际游客在内的 1150 万名游客，推动相关产业的复苏。

不少出海企业常常对陌生国家的政商关系心存担忧，洲明科技这种积极与政府合作，参与当地项目或计划的做法不失为本地化的"取巧"之举。

也正因如此，即便面临疫情、战争等极端情况，洲明科技也在鼓励员工以各种方式走出去，这种主动联结客户的做法解决了当时很多的棘手问题，"洲明就是疫情期间坚持走出去了，我们才会比别人好"。在这个过程中，应对国外客户时讲规则是一方面，另一方面要用温度做联结，比如疫情期间，洲明科技不仅给海外的员工打好疫苗、备好中药，还给海外客户送中药、送口罩，"他们都很喜欢"。

过去，LED 显示与 LED 照明分属于两个不同的业务领域，前者以图文和视频展示信息，后者以灯照亮或装饰物体与空间环境。但随着 LED 行业的不断发展，显示与照明在应用中相互融合、相互渗透，原本泾渭分明的界限逐渐被打破。

在此背景下，2022 年，洲明科技提出了"光显"的概念，将显示与照明融合起来，同时也将硬件和软件融合起来，以顺应个性化、多元化、一站式的客户需求，成长为行业内少数能够同时提供各细分应用领域全套硬件产品、控制系统、可视化呈现、创意内容服务等一站式光显解决方案的供应商。

做中国品牌，先想方设法与客户建立联系

除了以利雅得季为代表的文旅综合场景外，不论是北京冬奥会、杭州亚运会、英超联赛、卡塔尔世界杯等体育赛事，还是新加坡逛街圣地"乌节路"等场景，LED 显示的身影已经随处可见。

LED 显示具有高清晰度和高亮度的优点，可以精确而生动地展示图像和视频内容，作为数字经济的基础设施，LED 已经在商业

广告、体育比赛、道路交通、信息发布等领域得到了广泛应用。不过，与其他显示技术相比，LED 显示成本偏高、专业性较强，这也是 LED 的应用主体依旧是以有实力的企业、经济发达地区的政府为主，面临市场普及瓶颈的原因。但也正是如此，LED 行业还处在技术与产品不断迭代升级的过程中，这种成本下探的窗口期，为企业品牌打造提供了宝贵的发展机会。

事实上，林洺锋坦言，品牌力不够强一直是洲明科技在出海过程中面临的最大挑战。尤其在面向企业端的工业品中，欧美品牌仍然具有强大的影响力，是很多国家的首选，中国企业的品牌要想赢得海外市场的信任必然需要投入更多的精力。另外，由于海外知名企业中有决策权的高管大多来自当地或更亲欧美，中国人较少，对中国品牌往往是排斥的。甚至有一些中国产品需要贴牌生产，经过美国、德国等欧美国家的供应链再卖给其他国家。

如何解决海外客户对中国品牌不信任的问题？洲明科技的做法是，先想方设法与客户建立联系，企业可以先为客户做代工，代工过程中产品越来越复杂，技术要求越来越高，此时企业可以要求打上自己的品牌标，这样成为自主品牌就成了顺理成章的事。

不过，代工过程中企业也要同时提升自身的核心竞争力，一是可以收购核心设备，二是研发业务也要拿下。"先做孙子，再做老子。"林洺锋说。洲明科技就是这样一步步走出去的，如今已经成为在欧洲当地的业内第一品牌。

做品牌一向不是一件容易的事。"品牌要融入当地，把产品、案例、运营管理润物细无声地植入到当地民众心中，是一个长期系统工程。"林洺锋说。他曾仔细观察过，韩国企业每进军一个国家前都会先派团队过去学文化，等融入当地再打市场，日本企业也是如此。但很多中国企业明显急功近利得多，距离日本、韩国的全球化能力还有一定的差距。洲明科技也需要沉下心来，留出 3 ~ 5 年的时间慢慢浸染。

也正是如此，洲明科技对每一次品牌露出的机会都很珍惜，诸如参加西班牙 ISE 等在全球具有影响力的行业展会、参加红点设计大奖评比等。2010 年，洲明科技赢得 6 项红点设计大奖。2013 年开始，洲明科技开始涉足奥运会、冬奥会、俄罗斯大运会等各大赛事。

"中国人走出去，海阔天空。"林洺锋说。中国大部分企业练就了百般武艺，基本上已经把产品做得很好了，但是很多中国企业的视野只放在区域市场，没有放在全球市场，并且自己想象了很多障碍，制造了很大压力，把国际化想得太复杂。

"中国市场毕竟只占世界市场的 1/5，还有 4/5 的市场在海外。如果只着眼于中国市场，企业不仅可能守不住这 1/5，还有可能被做 4/5 市场的人吃掉，所以一开始就要着眼于全球市场。"他再次强调，一定要把国际市场作为主要市场来做，企业家再困难都要想办法走出去，"请把我的这个心声传递出去"。

作者 | 白志敏

金
句

● 中国企业已经到了必须做国际市场的关键时刻，要把握住当下这个难得的历史性机遇，走出去。"从中国产品向中国品牌升级是必须的。如果这时候不升级，只是把国内市场做好就沾沾自喜。那对不起，这样不仅会失去国际市场，也会失去国内市场。"

● "这个世界上谁要这个产品？客户用什么媒介来了解我们？他们的购买渠道是什么？我们的产品是否满足了他们的期待？就这么简单。"林洺锋说，不要把全球化想得那么复杂，洲明科技做得很简单，"我们卖了一块，又卖了两块，越卖越多，就变成全球布局的企业了"。

● 中国企业必须要在出海之前练好内功，首先产品要符合目标区域市场的要求，具备技术领先、成本领先、服务领先的核心竞争力。企业家要做全球市场，就要想办法要做到前三，这样才有竞争力。

● 出海企业败北的原因通常有三个：一是产品没有核心竞争力，二是过分依靠低价打市场，三是没有建立起本地化的服务能力。

● 如何解决海外客户对中国品牌不信任的问题？洲明科技的做法是，先想方设法与客户建立联系，企业可以先为客户做代工，代工过程中产品越来越复杂，技术要求越来越高，此时企业可以要求打上自己的品牌标，这样成为自主品牌就成了顺理成章的事。代工过程中企业也要同时提升自身的核心竞争力，一是可以收购核心设备，二是研发业务也要拿下。

第15章

旗舰店开到时代广场，名创优品的全球化为何能成功

2022年以来，中国企业出海的脚步明显提速。《埃森哲2022中国企业国际化调研》报告显示，95%受访的中国出海企业认为自己未来3年海外业务的增长预计超过5%。这一数据的背后，是越来越多的企业想要通过海外市场实现错位竞争。与之相应，海外市场的竞争格局以及营商环境也在不断变化。当国内的经验无法在海外有效复制，企业如何谋篇布局、如何"落子"、如何实现真正的连锁效应，成了巨大挑战。

在如此迅猛的出海浪潮下，名创优品脱颖而出。至少在零售品牌中，它是较早开拓国际市场，真正获得美国与中国香港两地资本的支持，成功积累丰富实战经验的中国品牌之一。

2023年8月的一场媒体沟通会上，名创优品集团董事会主席兼首席执行官叶国富身穿印有名创优品笑脸Logo的白T恤出现在人们面前。他表示："名创优品2013年成立到现在，从来没有做出过这样的业绩，也从来没有想过能做出这么好的业绩，这一点让我们很意外，也打破了我们的认知。"

在几乎同期发布的2023财年未经审计财务报告中，名创优品2023财年总营收达到114.7亿元，同比增长13.8%；经调整后净

利润为 18.4 亿元，同比增长 155%。值得关注的是，在这一财年，名创优品海外市场收入贡献的增长已由 2022 财年的 26.2% 增至 33.3%，单看 2023 财年第四季度的财报，名创优品的海外营收也已达到了 11.1 亿元，同比增长 42%，这进一步表明，其海外市场的增长势头强劲。

如此亮眼的成绩更坚定了名创优品做超级品牌、逐浪全球的信心。

走进"世界的十字路口"

站在纽约的时代广场上是什么感受？

"繁华、耀眼、多元。"2023 年 5 月 20 日，名创优品位于纽约时代广场的全球旗舰店正式开业，集团的一位高管这样表达自己的感受。

一直以来，纽约时代广场都被视作全球潮流的风向标，不同国家、文化、种族、肤色、年龄的消费者在此汇聚。也因此，纽约时代广场素来有"世界的十字路口"的美誉。

将时光倒回 2022 年 11 月，叶国富站在"世界的十字路口"时，发现这里没有任何中国品牌。当即，他决心在这里开一家名创优品门店，亮起"中国招牌"。

6 个月后，名创优品做到了。叶国富将这家临街的、近千平方米的全球旗舰店设立于纽约时代广场 42 街和第 7 大道的交叉口，毗邻百老汇剧院区、杜莎夫人蜡像馆等标志性景点，对门店形象、消费场景和服务等多方面都进行了焕新升级——根据当地热销品类设置了 IP 专区、盲盒专区、玩具专区、香氛专区以及美妆专区等十大专区，给消费者营造有内容、有趣味的独特购物体验。

开业仪式当日，顾客几乎从早上 9 点就开始在店前排队，门店的派对氛围和创意橱窗产生了巨大的吸引力，目之所及，皆是人山人海。走进门店，盲盒专区首先映入眼帘。原因在于：盲盒在美国市场的受欢迎程度高，"一直拆一直爽"的奇特体验使美国年轻人迅速转化为盲盒专区的忠实粉丝。

时代广场全球旗舰店的成绩单是让人兴奋的。叶国富曾透露，开业当日，这家门店的销售额就突破了 55 万元人民币，刷新了其全球门店的单日销售纪录。同时他也强调，虽然时代广场全球旗舰店的租金是目前名创优品门店中最高的，一个月高达 35 万美元，但该店的月销售收入最高可达 100 多万美元，折合人民币近千万元。"从这个店以后，全球所有的门店我们闭着眼睛开，20 万美元、15 万欧元的月租金，在我们这里没有问题。我们从来不惧怕做第一个吃螃蟹的人。"

业内普遍的观点是，名创优品全球旗舰店入驻时代广场是其海外策略的关键里程碑。时代广场门店取得成功后，名创优品的全球化信心达到顶峰。在不同场合下，叶国富多次强调，美国将成为名创优品的关键市场之一。按照计划，未来五年，名创优品要在美国开设 1500 家门店，收入达到百亿美元量级。

当然，名创优品在美国市场的成功，也只是其在海外市场的缩影。

自 2015 年开启全球化战略以来，名创优品已经进驻全球 107 个国家和地区，包括美国、英国、澳大利亚、墨西哥、印度尼西亚、新加坡、意大利、法国、冰岛等国。特别是在印度尼西亚，名创优品成为当地消费者追捧的"国民品牌"之一。2023 年下半年，名创优品还在英国伦敦牛津街、法国巴黎香榭丽舍大道等世界知名商业街区开设了多个全球旗舰店。在全球范围内，名创优品正从全球旗舰店、国家旗舰店和城市旗舰店（形象店）三个层级进行渠道建设。

2023 年 8 月，叶国富曾介绍，名创优品在东南亚和澳洲已累计拥有超过 1000 家门店。北美门店不多但店产值非常高，2023 年年底有望冲击单月平均月销 200 万元人民币；欧洲门店不断逆势扩张，很可能成为下一个北美市场，"这些都是名创优品将来发力的重点市场"。

叶国富判断，**越是在下行周期，或者越是在美国市场通胀率提升的情况下，做有性价比的品牌越有利，这样的品牌具有比较强的抗周期能力和创业韧性。**也因此，公司对全球竞争环境保持乐观。

深入一线："把市场一个一个打透"

与近两年才开始出海的零售连锁企业不同，名创优品 2015 年就坚定地开启了自己的出海战略。最早是马来西亚、新加坡、菲律宾的一些华侨到广州旅游发现了名创优品，他们认为这个模式可以复制到自己的国家，这也成就了名创优品第一批海外代理商。

一般情况下，名创优品倾向于在它更熟悉当地营商环境、更有把握的国家直营。在部分海外市场尤其是在营商环境较为复杂的国家及地区，名创优品则通过代理模式进行轻资产扩张，与代理商保持紧密合作。据介绍，很多海外大区经理会根据总部的建议，协同当地代理商，一起讨论选址，解决门店陈列等一系列问题，通过试点门店不断优化运营模型，最后覆盖全部门店，完成海外区域市场的整体增长。再比如，名创优品在墨西哥的很多代理商每年要来中国两次，也会每周和中国的商品团队开会，在选品及商品开发上与总部密切沟通。

但在出海早期，名创优品并非没走过弯路。

2018年年末，名创优品总部以加拿大代理商存在贪腐和挪用资金等行为为由，通过法院对其提出破产申请，却被已经出资的众多小加盟商阻拦。小加盟商阻拦的原因，无非是担心大代理商的破产、更换会对其已出资的加盟店产生影响。名创优品随即表示，会保证加拿大门店的运营并规划后续的发展。不过，在名创优品总部正式接管加拿大业务后，由于本地化经营经验不足、产品价格无吸引力等问题，旗下众多加盟店一度亏损。

在后续的采访中，叶国富承认，名创优品当时的国际化进程不该那么快，**"应该更聚焦规模大的市场，把市场一个一个打透"**。

很快，叶国富将工作的主要精力转移到北美市场。在他的判断中，美国本土市场已有以 Dollar General、Dollar Tree 为代表的 1 美元店，以及以 Five Below 为代表的 5 美元店，但 10 美元店的市场仍处于空白状态，这也是名创优品的发展机会。

不过，彼时的名创优品在美国市场远没有如今这般风光。2023 年年初，叶国富曾无奈地表示，"过去 7 年，美国市场更换过两拨代理商"。可以想象，在一个充斥着沃尔玛、Costco、Five Below 等巨头企业的激烈竞争市场，"外来者"名创优品必须深入一线，感受消费者的实际需求，才能获得经营层面的主动权。

2019 年，名创优品结束了在美国的代理合同，对当时的近 40 家门店进行清算、关停、调整，在当地设立子公司，开设直营门店，进行名创优品的具体品牌运营。然而，接下来文化融合的过程也全都是"坑"。

"洛杉矶与中国有 15 个小时的时差，跟中国对接业务更多是在下班后，我们派过几个中国的经理去美国找分公司员工谈话，上级找下级也要提前一天预约，拒绝谈话的理由可以只是心情不好。"叶国富曾直言。名创优品美国业务的一位高管也表示，中国企业来到美国，消费者首先会关注"你是不是尊重美国文化？你能不能融入我们的社会？"。

新冠疫情的 3 年里，名创优品关闭了北美市场业绩较差的门店，并通过人员迭代与业务调整，逐一将管理层更换为华人。当然，门店的经理、店长、店员仍是美国本地人。很快地，直营的优势显现。在 2023 年的前三个季度里，名创优品美国市场有两个季度在海外市场的收入贡献中排名第一。而截至 2023 年 7 月，美国门店数量仅有 80 多家。

此外，从店型来看，名创优品包括美国市场在内的海外门店多以大店为主。叶国富在业绩会上曾公开说："只有开设大店，才能提高客户对我们的认知度，因为这些大店有助于提高销售额。"

截至 2023 年 6 月 30 日，在名创优品的门店组合中，大约有100 家旗舰店或大型店，平均来看，大型店的初始资本支出约为普通门店的 2 倍。但在最开始的 6 个月，这些大型店的单店销售额非常高，而且平均销售价格比普通门店高 7%；库存周转天数约为 30天，比普通门店少 20 天左右。仅从投资回报率和投资回收期来看，大型店要比普通门店的收益好得多。

打出产品的拳头：兴趣消费、供应链与本土化

在产品层面，名创优品为了搞清楚海外市场各地区消费者的偏好，也花费了巨大的心力。

2020 年，叶国富首次提出"兴趣消费"将成为未来全球消费的主流趋势。他的观点是：一个好产品一定是功能、体验、社交、精神的综合体，是有故事和有温度的存在，不是一个冷冰冰的具象的呈现。因此，**如何通过内容将产品与海外消费者进行情感上的联结，**

进而提升消费者黏性，将成为决定企业出海成功与否的重要因素。

在 2019 年的招股书中，名创优品曾提到跟 17 家版权方合作，而如今，其 IP 版权的合作方已经达到 80 个，其中包括三丽鸥、宝可梦、迪士尼等经典 IP。这些举措共同塑造的结果是：名创优品 IP 商品销售贡献占比在 25% 左右。据介绍，在名创优品整体 8000 多个 SKU 中，同期有超过 2300 个是拥有 IP 的 SKU。与之伴随的，是名创优品商品平均单价的上涨。在未来，名创优品的 IP 产品比例还有可能进一步提升。据悉，2024 年名创优品将在国内和海外同时推出 Hello Kitty 系列产品。

可以肯定的是，联名产品能够让客单价大幅提升。这一点在海外市场得到了充分验证。例如，在越南市场，名创优品的草莓熊 IP 系列新品一上市就掀起了排队抢购潮，首发当日胡志明市一家门店的销售额突破了越南单店单日的历史销售纪录；上市 3 日，越南市场整体业绩环比提升了 2 倍。在同样喜爱 IP 联名产品的美国市场，IP 版权方也看到了名创优品在美国和全球发展的巨大空间，这又为名创优品夯实 IP 战略叠加了优势。

值得提及的是，名创优品正在改变美国当地的零售竞争格局，逐渐成为本土企业强有力的竞争对手，通过 IP 联名、盲盒等高性价比的产品形式抢占消费者心智。叶国富曾表示，在美国，同等质量的产品价格比名创优品贵，同等价格的产品质量远不如名创优品，也没有全球 IP 设计，"这就是我们进驻北美市场的强大信心来源"。

　　而上述种种优势，都依托于名创优品强大的供应链体系。据悉，在中国市场，名创优品拥有超过 1100 家的前端供应商，供应链优势为名创优品创造了快速响应市场需求的条件，也为公司的战略变革奠定了基础。

　　实际上，名创优品并不是唯一一家依靠中国供应链获得优势的企业，快时尚线上零售商 SHEIN 也是如此。两家公司拥有相似的竞争优势：供应链能力、产品快速上新实力和数以万计的 SKU。不同之处在于，SHEIN 主攻线上，名创优品则发力线下；SHEIN 主打服装领域，名创优品则聚焦生活潮流。当然，在具体的供应链层面上，名创优品有自己的优势。

　　第一，名创优品是自有品牌，C2M 模式摒除了传统供应链层层加价的环节，保证高性价比的同时还能有较高的毛利率。

　　第二，名创优品奉行"711"理念，即每 7 天从大约 1 万个产品创意库里精选大约 100 个新的 SKU，自主设计保证了产品的独特性。

　　第三，名创优品积累了海量的供应商资源，并通过以量制价、买断定制和不压货款等合伙方式维持供应商黏性，从而具备了供应链层面的话语权。

　　凭借着强大的供应链基础，名创优品通过高频上新来满足不同国家、不同文化的年轻人的兴趣消费。据介绍，名创优品平均每个月上新 550 个 SKU，在根据不同市场的需求选品上新时，海外团队会进入总部的商品"大池子"里，对数十个不同风格的团队提交的产品设计进行筛选。以印度尼西亚为例，当地团队平均每个月都会挑出超过300个SKU，这让当地门店每周都有新品上市。

以上优势均可归为中国供应链的蓬勃发展为企业出海带来的红利。当然，在海外扩张的过程中，名创优品不只是将中国生产的产品卖向全球，也在加强本土化。

名创优品集团副总裁兼首席营销官刘晓彬曾表示，名创优品在海外市场的拓展中，坚持采用本土化的产品结构和经营方式，取得了不错的业绩。比如美国是IP大国，兴趣消费属性更强，名创优品会推出IP联名产品；在越南，名创优品也会打造受当地人欢迎的IP主题门店。除了在产品结构上适应各个海外市场之外，在运营层面，名创优品各地的团队也会根据总部发放的素材进行"二次创造"，同时还会跟本地KOL合作，吸引客流和关注度。

此外值得关注的是，名创优品已经在越南成立了第二个全球供应链中心。刘晓彬介绍，有些毛绒公仔是在印度生产的，然后再发往印度尼西亚、菲律宾等东南亚市场，"需要综合考虑采购成本、关税以及运输效率等"。

海外市场：叶国富"开心哲学"的延伸

2023年是名创优品成立十周年的节点，也是极为关键的一年。2023年年初，名创优品曾召开"全球品牌战略升级"发布会。当时叶国富提出，公司未来将以产品创新为核心支撑点，从渠道品牌迈向产品品牌，以 IP 设计为特色打造"三好产品"，引领全球年轻人的消费潮流。

如果从头梳理名创优品的零售理念，不难发现，无论主打极致性价比的"三高三低"（即高颜值、高品质、高频率，低成本、低加价、低价格），还是"好看、好玩、好用"的"三好产品"理念，再到当下的"兴趣消费"与"全球品牌战略升级"的提出，都是一脉相承地在原有零售理念上的"升级"，而非"舍弃"。

从名创优品对海外市场的战略部署也能看出，无论大店策略还是 IP 联名的大单品打造，都是对兴趣消费的贯彻及执行。叶国富一直希望名创优品能够成为像耐克、星巴克一样的全球企业。本质上，名创优品也只有迈向全球、开拓遍及世界范围的供应链体系，才能成为真正的"超级品牌"。他曾直言，这至少需要十年的沉淀，"还有 90% 的工作要做"。

叶国富还始终希望所有人，包括消费者、工作人员、合作的版权方在内，在进入名创优品门店的时候，都能十分"开心"。相信伴随着名创优品全球化的脚步，叶国富的开心哲学将在全球范围内延续，"Wink"图标会越来越多地出现在世界各地的街道与角落，名创优品也能不断拓宽零售与消费赛道的边界，穿越周期，成为真正的全球超级品牌。

作者 | 谢芸子

金
句

● 应该更聚焦规模大的市场，把市场一个一个打透。

● 一个好产品一定是功能、体验、社交、精神的综合体，是有故事和
  有温度的存在，不是一个冷冰冰的具象的呈现。

● 如何通过内容将产品与海外消费者进行情感上的联结，进而提升消
  费者黏性，将成为决定企业出海成功与否的重要因素。

● 供应链优势为名创优品创造了快速响应市场需求的条件，也为公司
  的战略变革奠定了基础。

● 只有迈向全球、开拓遍及世界范围的供应链体系，才能成为真正的
  "超级品牌"。

第 16 章

SHEIN 的启示：艰难环境下，如何实现持续增长

2023 年 4 月，胡润研究院发布了"2023 全球独角兽榜"。排名前四的大独角兽除了大众熟知的字节跳动、SpaceX 以及蚂蚁集团，还有 SHEIN。

在中国的出海企业中，SHEIN 是一家极具代表性的公司，它集合了中国企业出海成功的大部分元素：时机、模式、供应链能力、数字化能力、组织管理能力、价值观等。它是 2008 年成立的一家跨境自有品牌快时尚电商平台，目标人群是欧洲、北美、非洲、中东等海外市场上 25 岁左右的年轻人群，2018 年营收就已经超过了 10 亿美元。2021 年，SHEIN 的 app 一度爆火，下载量超过亚马逊，成为全球最大的购物 app，此外，SHEIN 在中国的跨境品牌中排名第十一，超过了腾讯。一直到现在，SHEIN 都行驶在快车道上，尤其在无商不"艰"的环境下殊为不易，到 2023 年其营收已经超过了 300 亿美元，呈指数性增长。SHEIN 某全球合作伙伴表示，SHEIN 即便不是世界上最大的时装零售商，也是世界上发展最快的时装零售商。

在探究 SHEIN 为何能获得快速增长时，总不免产生这样的疑问：快时尚电商平台有很多，SHEIN 到底有什么不一样？

快一点，更快一点

创始人许仰天常把"人人尽享时尚之美"挂在口头，让人感觉SHEIN好像是一个准备在时尚领域深挖的公司。那么，SHEIN是一家时尚公司吗？

事实上，大众对"时尚"的理解不尽相同，甚至常常有矛盾。有人说时尚是弱势群体对强势群体的崇拜，有人说时尚是与大多数人不同，但与少数人一样。时尚到底是小众的还是大众的？是引领的还是追随的？是悦己的还是悦人的？是人时尚还是衣服时尚？是持久的还是易逝的？当把这些问题里的关键词拿出来仔细推敲时，就会发现时尚没有那么简单。

商业创新常常讲"价值创新"的概念：不是以现有的顾客需求为导向找一个细分人群开创市场，而是通过需求反过来重新定义用户，用户不只是人，也是需求的集合。以这种视角看"时尚"就会发现，SHEIN、ZARA等快时尚品牌所定义的用户人群是25岁左右的年轻女孩，和传统时尚大牌的用户人群并不一样。也就是说，"快时尚"不是更快一点的"时尚"，它与传统时尚大牌在底层逻辑、用户人群、发展脉络上都是完全不同的，分属两个行业。

按照这种思路重新审视"人人尽享时尚之美"就会发现，重点不在"时尚"，"人人"好像更加重要。因为传统大牌中的"时尚"并不是人人都能享受的，它是一个富人游戏，但快时尚却是属于

"人人"的。

那么在快时尚赛道，SHEIN 和 ZARA 又有什么区别？事实上，这个行业目前已经经历了三个阶段：第一阶段以 ZARA 为代表，以线下门店为主，被称为"快时尚"；第二阶段发展出新的小品类，例如 FASHION、NONA 等砍掉了线下零售场景和中间商，比快时尚更快一点，被称为"超快时尚"；第三阶段以 SHEIN 为代表，被称为"即时尚"，比超快时尚还快。

在一本讲述 ZARA 商业成功传奇的书《从 0 到 ZARA》里提到：ZARA 提供的不是原创，而是搭配，ZARA 的秘密不是速度，而是准确，门店每天两次提供数据。这揭示了 ZARA 与传统服装公司的不同之处，"门店每天两次提供数据"在当时一定是遥遥领先的，但是这在 SHEIN 的逻辑里还是太慢了。

SHEIN 是如何做到的？SHEIN 的数据来源有买手，也有线下店面，但更重要的是线上系统。这个系统可以通过定时全量的线上爬虫在各种时尚网站、竞品网站中抓取数据，然后快速反馈到企划端。企划端的设计、打板、摄影都是标准作业的，一套系统走下来，摄影收集的模特照片在系统里就会变成广告端的广告素材，广告素材会被第一时间传送到 app 及广告投放媒介，吸引用户下单，然后就是交付、物流、配送、仓储等环节。

对比 ZARA，SHEIN 的整个业务逻辑中都有提升效率的机会。譬如，前台环节比拼的核心能力是捕获消费需求，ZARA 以线下门店为主，而 SHEIN 则以线上为主。中台企划环节比拼的能力是测品的能力，ZARA 以设计师驱动为主，SHEIN 则以数据驱动为主。后台供应链和履约比拼的是交付成本和效率，ZARA 是西班牙的供应链，SHEIN 是中国广东的供应链。这么一对比，在前、中、后台每个环节，SHEIN 都有超过 ZARA 的可能性。这种可能性最终直观地体现在了 SHEIN 与 ZARA 的营收对比上：2015 ～ 2021 年，SHEIN 画出了一条不断上扬的营收曲线，从在 ZARA 面前微不足道发展至拥有 ZARA 2/3 的体量（见图 16-1）。

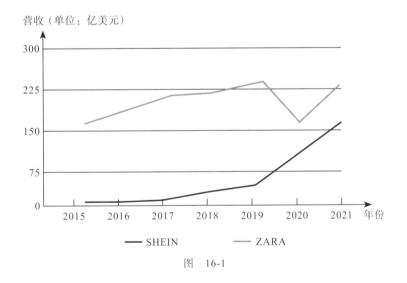

图   16-1

从流量思维转变为品牌思维

所有的跨境电商公司开始时都是统一的"店群"逻辑，即开一堆电商店铺去平台薅流量，等到流量过来后算转化率，只要流量获取效率足够高，流量成本足够低就能赚到钱。SHEIN 的第一步也是如此，许仰天毕业后的第一份工作就是在外贸公司做搜索引擎优化。但是过了一段时间后，他意识到快时尚的多 SKU 是竞争优势，但同时也导致了没办法全部备货的问题，收货体验不佳，回头率徘徊不前，营销成本却在上升，这并不是良性循环。

当时许仰天还说："做品牌一定要找专业的人，用专业的方式去经营，从市场上随便找一批便宜畅销的货随便用什么方式卖出去，这种野蛮生长的路子越来越行不通了。"原来做店群的商家被封闭在系统里却意识不到，觉得这个生意已经挺好了，但其实其中存在巨大的风险。这其实已经不是能不能增长的问题了，而是涉及生死的问题。2021 年亚马逊封了 5 万家中国的商家，很多这样的公司一下子回到了"解放前"。

没有在店群逻辑里停滞不前，许仰天走了第二步——精品独立站。从店群到精品独立站，是从流量思维转向品牌思维的关键转折点。光是开几百个店并不能形成自己的独特品牌，想要做成更有价值的公司，一定要有精品独立站，在里面长期地运营用户，只有这样用户才能形成长期的品牌认知，转变为忠实用户。

但问题是，靠精品独立站就一定能够实现破局吗？也不一定。比如说有一家独角兽公司——执御，它曾被称为"中东之王"，现在却非常落魄。使它陷入举步维艰境地的原因有很多，其中重要的一条就是做得太多，这家公司什么货都卖，物流、支付等各个环节都自己布局。在开辟一个市场时应该尽量聚焦某个价值点，击穿这个单点后再延展，这才是上策。

SHEIN 到底击穿了什么价值点

SHEIN 到底击穿了什么价值点？"击穿"并不是做爆品，而是把"买方价值"打透，"买方价值"可以用"买方效用"加上"价格"衡量，也就是说，"买方效用"是非价格方面的价值。像 SHEIN、拼多多这样的公司，并不是只有价格便宜，我们要更关注除了价格之外，它们还实现了什么"买方效用"。

其实，消费者在做购买决策时是有很多决策维度的，只不过不同公司击穿了不同的价值点而已。比如，买服装的价值点可能包括某种风格、自我表达、限量款、购买方便、便宜、能炫耀、显得贵、产品多等。把这些价值点梳理出来就会发现，时尚大牌、ZARA 和 SHEIN 关注的价值点是不一样的（示意图见图 16-2）。对时尚大牌来讲，消费者更在意的是某种风格、限量款、显得贵、能炫耀、品质好等，但是这些点却被 ZARA 和 SHEIN 放弃或弱化了。对 SHEIN 和 ZARA 而言，其价值点并不是代表某种风格，也不是限量款，更不是为了穿这个衣服显得贵，它们突破了一些其他价值点，比如购买方便、便宜、产品多、上新数多等。

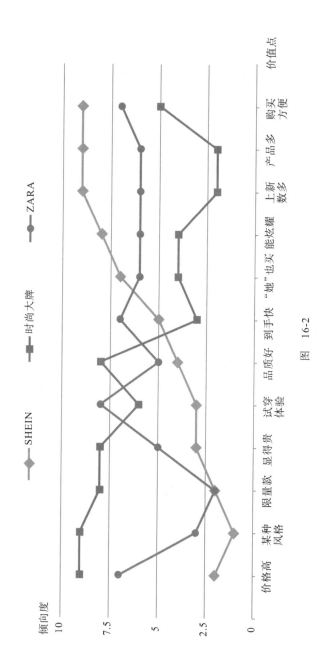

图 16-2

那么问题是，精品独立站要击穿什么？分析价值点是否被击穿可以从这几个维度思考：这个价值点对用户来说是不是"没有也行"？是不是"没有不行"？是不是"够用就好"？很多公司在"够用就好"上不断下功夫，浪费了很多资源，而在真正要击穿的价值点上却"没有也行"。

对 SHEIN 来讲，哪些点是"没有也行"？是线下门店、某种风格、限量款。"没有不行"的是什么？新潮、基本的质量、"她也买"。"够用就好"的是自我表达、配送速度、能炫耀、试穿体验、品质好。SHEIN 的配送速度没有那么快，这也是为什么这家公司目前只做海外市场的原因之一。

那么 SHEIN 真正击穿的点是什么？就是上新数多、便宜、购买方便。

为什么上新数多这么重要？因为 SHEIN 是一个自建的精品独立站。很多用户一年不会去苹果店几次，因为它的 SKU 太少了。但是海外用户可能会经常去逛亚马逊网站，中国用户会经常去逛京东、天猫，因为亚马逊、京东、天猫上的 SKU 几乎是无限的。SHEIN 既不能像亚马逊那样用各种各样的商品来支撑 SKU，又不能像苹果那样做独立站却没有人去，所以海量的 SKU 就变成了其不得不做的选择。通过这个商业推导就能知道，SHEIN 真正要击穿的是上新数多，上新数足够多才能匹配"人人尽享时尚之美"的愿景。

SHEIN 的上新数有多多？据招商证券相关研究，2019 年 ZARA 日均上新数为 80 款，年均上新数为 2.5 万款，和其他快时尚品牌比已经很多了，但当时 SHEIN 可以日均上新 600 款，年均上新 20 万款。击穿上新数多、SKU 足够多能实现两个价值，一是让用户持续不断地来，二是让更多的人能够被匹配上，从而实现所谓的"人人尽享时尚之美"。

SHEIN 怎么做到每天上新上万款

2022 年至今，SHEIN 的日均上新数已经飙升到了 6000 款，最多的时候每天可以上新 10 000 款，这是怎么做到的？有三大最重要的要素，第一是极致的营销，第二是非常庞大且成熟的柔性供应链网络，第三是通过数字化把两者高效地结合在一起（这一点在下一节另加详解）。

先来看极致的营销，其实 SHEIN 就是做营销起家的，以搜索引擎优化为主，后来又开始做 KOL，再后来做规模化投放。在美国，SHEIN 在谷歌上的用户搜索量是 ZARA 的 3 倍以上。此外，SHEIN 还花了大量的资金和精力购买流量，在社交媒体上投放的素材差不多是 ZARA 的 10 倍以上。

在购买流量环节，SHEIN 有自己的策略。一是投放力度非常大，在社交媒体上只要符合年龄段和购物时尚这两个标签的就投放。二是抓住网红风口，投放"准爆款"。也就是说，投放的不是已经变爆的款，而是准爆款，所谓"准爆款"就是上新的款中涨得快一点的，它已经被用户验证过可能火。

再来看庞大且成熟的柔性供应链网络。有人说 SHEIN 的成功与其说是营销的成功，不如说是供应链的成功。如果把服装产业当作一个系统，那么库存就是其核心的瓶颈点，谁能解决这个瓶颈点谁就能获得结构性的增长。行业原来的供应链处理方式叫"推式供应链"，就是生产厂商生产制造出来产品，然后推到门店和渠道，门店和渠道再推给终端的消费者。在生产和购买间有个时间差，这个时间差就是库存产生的原因。后来以优衣库为代表的公司发明了一种新供应链方式——"拉式供应链"，不是从前到后，而是从后到前，从消费者处挖掘需求反馈给门店和渠道，再反馈给生产厂商，由用户侧的需求决定生产，这在一定程度上降低了库存。但从需求的收集、消化、释放变成产品到推给消费者的过程仍然有时间差，这个时间差也会产生库存。

一个新的供应链处理方式——小单快返出现了。"小单快返"是什么意思？不是一下子批量生产 1 万件、2 万件，而是先生产100 件、200 件到市场上测款，然后对被证明好卖的产品在工厂里追加生产，不好卖的产品也就不再追加了。这个过程占用的库存非常小，因为小单本身量就很小，不产生订单的产品也不占用库存。这一处理方式改变了整个供应链的基本逻辑。其实小单快返并不是 SHEIN 发明的，而是被 SHEIN 做到了极致。SHEIN 之所以能把小单快返做到极致，与它自己掌握用户侧和流量侧，有高效的数字化系统紧密相关。

但有一个问题，工厂追求的是生产的稳定性，如果有大订单当然不愿意生产小订单。该怎么让供应商愿意配合呢？

SHEIN招募供应商的一个公告上的基本要求是这样写的：一是有营业执照，二是有小单快返的能力，三是纸样师1人、车板师2人、车位30人，工厂面积600m²以上。这则招募公告给人带来的感觉是招募对象可能不是大工厂而是小工厂，确实也是，SHEIN早期合作的就是这些小工厂。经过多年的积累，中国制造业诞生了大批经验丰富、工艺成熟的中小型工厂，与大工厂要提前3～6个月确认订单相比，小工厂没有那么强的博弈能力，所以相对灵活，更加适合小单快返。但是小工厂也有自己的痛点，比如经营不稳定、员工按件计酬不好管理、很难实现规模化管理等。

和这类小工厂合作必然会有基本的合作逻辑和原则，SHEIN的基本逻辑和原则是什么呢？首先要思考的是，如果及时付款给供应商会怎么样？为什么会思考这个问题，因为在服装行业里，品牌商积压供应商的款项是常态，甚至是很多品牌商的现金流来源。但SHEIN会反过来想，如果及时付款给供应商会怎么样？如果像对待自己的员工一样给这些供应商提供大量的培训和支持会怎么样？如果给这些供应商贷款，帮助它们快速扩张，并跟自己共同成长，又会怎么样？如果构建一个软件系统，帮助它们实现自动化处理，和自己互相连接，又会怎么样？这些问题追问下来，基本上就形成了SHEIN对待供应商基本的原则和逻辑：对供应商好，解决它们的问题。

要解决厂家经营不稳定、员工按件计酬的问题，就给它充足的订单和提供扶持政策；如果厂家觉得每单的收入没有办法覆盖交易成本，那就给补贴；如果厂家觉得规模化管理很难，那就输出数字化管理系统，甚至可以代表大家去采购原材料。就这样，SHEIN真正找到了这些中小工厂的痛点，帮助它们解决了问题，最后掌握了在供应链中的话语权，高效地整合了供应链。

有一些细节：SHEIN的工资是按件日结的，工人们扫描二维码记录自己每天的工作进度，并统一通过供应链管理软件领取工资。在信息流之外，SHEIN还对资金流和工厂实现了这种穿透性的管理。所以，SHEIN与工厂之间绝不是简简单单的市场合作关系，而是半市场、半组织的关系，就是虽然工厂不是SHEIN的，但是工厂的供应链软件是SHEIN提供的，员工是受SHEIN管理的，双方一起工作，互相赋能。

管理学大师科斯在讲企业的本质的时候说，企业的本质就是在于，其交易成本比市场的交易成本要低，这是企业存在的根本。但看到SHEIN后就会发现好像不仅是这样，企业和市场之间、企业跟供应商之间的关系可以不仅仅有交易成本的维度，它们为了适配外部市场而生成了内部互相迭代的反馈机制，从而使双方组成了一个大系统，这种反馈机制让整个大系统越来越强大，他人的学习成本越来越高。

如今，SHEIN 在广州番禺南村镇形成了一个自己集成的产业地带，这里面有上千家服装工厂。该产业的形成和 SHEIN 所在的快时尚行业息息相关，因为快时尚要求极致的、高效的工厂与品牌厂商间的协同，所以一般供应商都开在品牌厂商的周围，广州当地大概有 1/3 以上的服装产能都在服务 SHEIN。在一个产业中，很多时候不是一个公司对一个公司的竞争，而是一个链条对一个链条的竞争，企业要做产业链中的核心，整合整个链条和另外一个链条进行竞争。

SHEIN 为何不能被复制

SHEIN 的数字化能力可能是最难以被别人复制的。

2015 年开始，SHEIN 就开发了一个涵盖商品中心、运营中心、生产等 9 个不同部门的 10 套子信息系统。其中包括 IT 赋能系统，用于情报搜集；设计辅助系统，大大降低了设计师的创作成本；用户分析系统可以对海量的 SKU 进行 AB 测试，根据用户行为实时调整工厂的订单数量；还有生产控制系统，对采购、生产、协作的整个流程进行支撑与监控……这些数字化系统会带来一种"越来越"的效果，从用户洞察到设计原型、采购再到制造、履约、营销，整个环节全部打通，每个步骤都高度数字化，并和下一个步骤联合在一起，让公司每天都可以制造出各种适应不同地区用户口味的新产品。

从 SHEIN 的招聘信息中可以看出其不同之处，SHEIN 的招聘岗位涉及 AB 测试、大数据、AI 算法、计算机视觉，还有自动化供应链云系统，这些在传统服装行业根本完全不存在的岗位组成了 SHEIN 的技术团队。在 ZARA 和优衣库看来，可能设计师是它们最大的财富，但是在 SHEIN 看来，数据才是它最宝贵的财富，如果说还有其他东西的话，那就是不断被优化的算法。ZARA 的设计师大多都毕业于名校，而且基本上都有 10 年以上的工作经验，ZARA 依靠这些设计师做企划。而 SHEIN 的很多设计师都毕业于一家大专学校广东纺织职业技术学院，而且工作年限可能就一两年，但因为 SHEIN 的设计环节不再通过人来交付，所以设计师的重要性被大大地减弱了。总的来说，SHEIN 希望自己的商业系统尽量通过数字化系统来完成商业闭环，这样效率是最高的，而且别人最难赶上。

通过数字化、营销和供应链网络的搭建，SHEIN 已经搭建了非常强大的系统。通常来讲，一个公司建立一个系统后不断地迭代反馈，形成学习曲线后就会形成自己的护城河。那 SHEIN 的护城河是怎样的？从算法的维度看，用户增长带来更多的数据，更多的数据带来更多的洞察和更准的匹配，更多的洞察、更准的匹配带来更高的供应链效率和爆款率，更高的爆款率代表了用户喜欢，于是用户就有更好的体验，更好的体验带来了更多的用户增长，这就形成了增长飞轮。

与时尚大牌不同，SHEIN 没有自己独特的风格，它并不试图将产品施加给全球客户，甚至没有自己的品位。也就是说，SHEIN 是一面基于数据来实时反映每个国家当前风格的镜子，保持普适性，没有背景故事，没有国家属性，这让它不需要任何形象，只通过本地化运营就能拿下本地市场。

比如沙特是 SHEIN 在中东最大的市场之一，SHEIN 在广州的团队对沙特的女性并没有多少文化洞察，他们也不需要知道那么多，通过数据的互动就能够了解用户。一个精准的、响应度极高的机器学习算法可以击穿文化差异带来的隔阂，这是迭代反馈的基础，叫"本地化洞察"。系统建立起来后，除了本地化外，用户的反馈也会强大系统，这是迭代反馈的右侧。

跨境电商有三层逻辑。第一层叫"流量逻辑"，做店群就是流量逻辑，但是这样公司被困在系统里，做不太大，也没有太大的价值。第二层是"爆款逻辑"，这时公司可以搭建自己的供应链，甚至还可以做自己的品牌。现在 SHEIN 走到了第三层，叫"上瘾逻辑"，是以人驱动的。这三种逻辑不是彼此割裂的，而是持续向前兼容的，也就是说想做爆款逻辑必须具有流量逻辑，想做上瘾逻辑必须具有爆款逻辑。

SHEIN 的上瘾逻辑基于用户留存模型 Cohort 模型，就是在计算用户留存的时候，不仅要算接触的刹那转化了多少，这是 ROI（Return on Investment，投资回报率）逻辑，还要算第二天留存了多少，第三天留存了多少，第五天留存了多少，一个月留存了多少。从 ROI 逻辑转化到 LTV（Life Time Value，生命周期总价值）逻辑，这在互联网行业非常流行，但是把它应用到服装行业的却好像只有SHEIN 一家。很多欧美的用户在社群里说，他们一直在 SHEIN 里刷新，随时买自己想要的，还有的人本来没想买，刷着刷着却买了一堆。从这个角度看，SHEIN 不仅是更快的 ZARA，还是另外一种形式的 TikTok，这也是 SHEIN 跟 ZARA 最大的不同之处。

SHEIN 在"上瘾"方面有两种价值支撑：一种是长期价值，超低价、超多款，再加上时尚感；另一种是短期价值，比如通过小游戏、内容、评论、直播、送券等方式把客户留住，让他们下次再来。这两种价值结合在一起能让用户真正上瘾，不断提高留存率。

结语

"人人尽享时尚之美"理念是 SHEIN 与其他时尚品牌的区别，通过极致营销、供应链网络和数字化击穿上新数，再通过本地化洞察迭代，以及通过不断出现的爆款让用户上瘾，这就 SHEIN 业绩增长的商业逻辑。同时，随着迭代反馈越来越强，用户越来越多，SHEIN 整合的供应链网络也越来越多，由此能够实现的上新数也就越来越多，而更多的上新数又进一步带来了越来越多的用户，

SHEIN 在海外市场上"越来越"的增长飞轮就此形成了。

当然，商业是一场无限的游戏。在 SHEIN 通过快时尚这个细分赛道在全球大杀四方时，国内电商巨头拼多多的出海品牌 TEMU 最近两年已经将全球电商市场搅得天翻地覆。SHEIN 和 TEMU 都从北美市场切入，这证明了一个常识，性价比是所有人的追求，哪怕是看起来发达的北美市场。为了应对竞争，SHEIN 也从原来的快时尚赛道杀出，开始进军平台型电商，跟亚马逊和 TEMU 正面硬刚。一幕大戏才刚刚开始。

作者 | 李云龙　混沌学园创新领教、增长研习社发起人

金句

- 商业创新常常讲"价值创新"的概念：不是以现有的顾客需求为导向找一个细分人群开创市场，而是通过需求反过来重新定义用户，用户不只是人，也是需求的集合。

- "击穿"并不是做爆品，而是把"买方价值"打透，"买方价值"可以用"买方效用"加上"价格"衡量，也就是说，"买方效用"是非价格方面的价值。

- SHEIN 与工厂之间绝不是简简单单的市场合作关系，而是半市场、半组织的关系，就是虽然工厂不是 SHEIN 的，但是工厂的供应链软件是 SHEIN 提供的，员工是受 SHEIN 管理的，双方一起工作，互相赋能。

- 在一个产业中，很多时候不是一个公司对一个公司的竞争，而是一个链条对一个链条的竞争，企业要做产业链中的核心，整合整个链条和另外一个链条进行竞争。

- 在 ZARA 和优衣库看来，可能设计师是它们最大的财富，但是在 SHEIN 看来，数据才是它最宝贵的财富，如果说还有其他东西的话，那就是不断被优化的算法。

正和岛书系

机械工业出版社与正和岛通力合作，汇聚了一批优秀的企业家，共同打造了"正和岛书系"。

本书系秉持"理性的判断，建设性的表达"，坚持传播力、引导力和变革力的统一，崇尚思想性、实用性与阅读性的结合。

旨在为中国商界打造一个修心明道、驭势炼术、知行合一的"决策者书房"。

意义

企业家是通过商业的价值，创造追求生命意义和生命价值最大化的人。广大读者可以从企业家自我定义意义、自我实现意义的方式和过程中受到全方位的生命启迪。

传承：一种关系及其隐秘动力

一本书讲透家族传承，助力中国家族企业基业长青。无论你是传承精神，传承财富，还是家风，你都需要这样一本书。

卓有成效的管理者（精装版）

启蒙中国现代管理，终生受用案头书。中国企业发展的核心问题，是要培养一批卓有成效的管理者。

深度关系：从建立信任到彼此成就

斯坦福商学院50多年来最受欢迎的人际互动课，与家人、朋友和同事建立充分信任、彼此成就的深度关系。

组织的数字化转型（精装版）

一幅数字化转型的全景图。找到数字世界的生存方式，重塑企业增长的关键能力。

团队学习平装版

打胜仗：常胜团队的成功密码

本书讲透了卓越组织的成功密码，让打胜仗的思想成为一种团队信仰！

本质

商业的成败，根本上取决于直接本质的能力。一本书浓缩40年的商业智慧，助您探求中国商业的本质。

N种可能：28个改写命运者的关键时刻

再现28个改写命运者的关键时刻，帮助读者认识、发现自己人生的N种可能。

彼得·德鲁克全集

推荐阅读

"隐形冠军之父" 赫尔曼·西蒙著作

隐形冠军：未来全球化的先锋（原书第 2 版）
ISBN：978-7-111-63479-9
定价：99.00 元
作者：[德] 赫尔曼·西蒙（Hermann Simon）
　　　[德] 杨一安

全球化之旅：隐形冠军之父的传奇人生
ISBN：978-7-111-68111-3
定价：89.00 元
作者：[德] 赫尔曼·西蒙（Hermann Simon）

定价制胜：科学定价助力净利润倍增
ISBN：978-7-111-71323-4
定价：69.00 元
作者：[德] 赫尔曼·西蒙（Hermann Simon）
　　　[德] 杨一安

价格管理：理论与实践
ISBN：978-7-111-68063-5
定价：89.00 元
作者：[德] 赫尔曼·西蒙（Hermann Simon）
　　　[德] 马丁·法斯纳赫特（Martin Fassnacht）